シリーズ ケアをひらく

# コーダの世界

手話の文化と声の文化

澁谷智子

医学書院

# はじめに

コーダというのは、聞こえない親を持つ聞こえる子どもたちのことである。一九八〇年代のアメリカで、「Children Of Deaf Adults」の頭をとって「CODA」という造語がつくられたのが始まりだ。コーダは、聞こえない親に育てられることを通して、聞こえない人の文化である「ろう文化 Deaf Culture」を受け継いでいる。

私がそんなコーダの人に初めてインタビューしたのは、今から一〇年ほど前のことだ。知人の手話通訳者の紹介で、顔も知らない方と、関東郊外の駅の改札口で待ち合わせた。私を待っていてくれたのは、五十代ぐらいのおばさんコーダだった。まだ二十代前半だった私は緊張していた。

「初対面の方に、家族のことなんて、どこまで訊いていいんだろう？　他人の家庭に土足で入るような真似をしてしまうんじゃないだろうか」

その方は、きっと私の戸惑いをすぐに見抜かれたのだと思う。娘のような年齢の私をかなり気遣って、私がおずおずと尋ねる質問に、いろいろなエピソードを話してくれた。

「主人がね、『おもしろいね』って言うのよ。『結婚して一五年ぐらいは、夜寝ているときも手が動いてたよ』って。自分では気づかないんだけどね、やっぱり寝言が手話になっているみたい」

話を聞きながら、私は不思議な気分だった。手話を使うろう者やコーダについては、本やビデオでも事前にかなり調べていたから、聞こえない親を持つ聞こえるコーダのなかには、手話を第一言語とする人がいるのも知っていた。でも、まさか、目の前のこのおばさんがそうだとは。その流暢な日本語を聞いている限り、おばさんの頭の中の思考言語が手話だとは、ちょっと考えつかない。こちらの当惑を知ってか知らずか、おばさんは大きめの体をゆすって笑った。

その後、さまざまなコーダに会った経験を交えて言えば、聞こえない親を持っているからといって、すべてのコーダが手話を第一言語としているわけではない。「自分は手話が苦手」というコーダも少なくない。しかし、それでもコーダの多くは、親との関わりのなかで、手話と日本語の両方を使っている。自分では「手話ができない」というコーダでも、親の手話をある程度読み取り、自分も、表情や口の形、うなずきなどを使って、視覚的にやりとりする方法を身につけている。

そういう意味で、やはりコーダは、視覚言語と音声言語、そして視覚重視の「ろう文化」と音声にもとづいた「聴文化」のあいだを行き来する、バイカルチュラルな存在である。この本では、そんなコーダの語りから見えてくる、異文化間ギャップに焦点を当てたい。

＊

コーダの話から浮かび上がってくるのは、「ろう文化」を身につけた人の感覚、そして、聞こえる私たちがあまりにも自明視している「聴文化」の姿形である。

多くの人は、音声言語を使うやりとりの方法をあたりまえに思っているが、それは決して自然なものでも普遍的なものでもない。それもまた、適切とされる目の使い方や声の使い方、言い回しなど、細かいルールが共有されることによって成り立っている、一つの文化のあり方である。そのことを意識しながら、この本の中では、音声言語を使う聞こえる人たちの文化を「聴文化」、その文化を身につけている聞こえる人を「聴者」と呼ぶことにする。

そしてもう一つ、この本では、コーダと聞こえない親の親子関係を、コーダやその親の目線も入れて描くことをめざしたい。

世間では特別視されることが多いが、コーダと親は、聞こえる／聞こえないの違いはあっても、ごく普通の親子である。たしかに、聞こえる／聞こえないの違いは、一つの現実的な条件として、その家族のあり方を形作っている。しかしそれは、親が聞こえないことを、すぐ「苦労」とか「大変」と結びつける世間の見方ともずれている。コーダや親が、親子の愛情や葛藤やさまざまな思いを込めて家族の話をするとき、そこに子どもが聞こえて親が聞こえないという背景がさまざまに織り込まれてくるといったほうが、しっくりくると思う。本の中では、そのあたりを丁寧に書くように心がけた。

*

この本の内容の大部分は、私が今までにおこなったフィールドワークをもとに書かれている。私は、二〇〇〇年から二〇〇五年のあいだに、日本国内のいくつかの手話教室、手話サークル、手話通訳養成講座、手話関連の講演会に通い、ろう者や手話に関わる背景の把握に努めた。そして今までに、三八人のコーダ、一三人の聞こえないお母さんにコーダ調査として話を聴いている。

二〇〇六年には四四の質問からなるアンケート調査をおこない、四〇人のコーダから回答を得た。

コーダの集まりである「コーダの会」には二〇〇〇年から何度か参加させてもらっているが、二〇〇八年度からは二か月に一度ぐらいのペースで、この本の執筆のために一緒に案を出し合う集まりを開いてもらった。そのほか、コーダや子育て中のろう者のお宅に伺ったり、ろう者が子連れで集まる企画に参加させてもらったりといった調査もしている。

さらに、もはや調査というよりは友人として、コーダと、そして、子育て中のろうのお父さんやお母さんといろいろな話をしてきたことはとても大きい。そうした個人的なつきあいから得た知見は、さまざまな形でこの本の中に生きている。

もちろん、私の調査に協力してくれたコーダやろう者たちは、日本全体で見ればごく一部の人であり、その体験がすべてのコーダやろうの親に当てはまるとは限らない。この本の中でもふれているように、コーダやその親の体験や意識は、時代や地域、家族構成やコミュニケーション方法、個人の性格や時期によってもさまざまである。

また、コーダの語りは、子どものころの体験を振り返ってどう解釈するかということと関わってくるため、同じ人が、いろいろな経験を積むなかで物の見方を変え、話の仕方が変わってくることもよく起きている。たとえば、私の友人のコーダは、初めて会ったときには大学一年生だったが、その後の九年間の月日のなかで、就職し、ろう者と結婚し、お母さんを亡くされた。私は、彼女の大学時代、バリバリ働いた時代、結婚式、結婚後仕事を変えてから……を知っているが、そのつど、彼女の語りは形を変えている。それはコーダの年齢によって変わっていく親の語りについても、当てはまることである。さらには、インタビューをする私との人間関係が濃くなるにつれても、相手の方の出す話や深さは変わる。

そのような意味で、この本の記述は、実に多様で変化に富んだコーダとその親のある一面しか描けていないという限界がある。そのことについては、あらかじめおことわりしておきたいと思う。

金融危機以降、日本社会においてもさまざまな厳しさが実感されるようになってきているが、今までも決して恵まれた状況にあったとはいえないろう者とコーダの家庭を見ていくことは、人と人との相互行為のなかにも困難を小さくするさまざまな機会があること、逆境にもめげないたくましさやユーモアが現に存在してきたことに気づかせてくれる。

この本を通して、読者の皆さんが、手話の文化と音声の文化の違いを楽しみ、コーダや聞こえない親の気持ちに寄り添ってくださったら幸いである。

# コーダの世界——手話の文化と声の文化 | 目次

# プロローグ

# 「ろう文化」って何？

「なぜ手話に興味を持つようになったんですか？」

「手話文化と音声言語文化の関係を研究しています」などと説明すると、遅かれ早かれ突っ込まれるのがこの質問だ。一般の人から訊かれることも多いが、手話業界の人――ろう者、手話に関わっているコーダ、手話通訳者、手話学習者――からは、必ずといっていいほど質問される。恥をしのんで言えば、私は、いわゆる手話ドラマに触発されて手話を学ぶようになった、ミーハー手話学習者の一人である。

## 手話ブームに乗って……

「星の金貨」や「愛していると言ってくれ」といったドラマが高視聴率を記録した一九九五年、私はちょうど、大学の比較文化論学科の学生だった。巷では、ドラマの影響で、空前の手話ブームが起きていた。高校生やＯＬのあいだで手話本が飛ぶように売れ、紅白ではドラマで主役を演じた酒井法子が手話で主題歌の「碧いうさぎ」を歌い、ＣＭでも西村知美が手話で聞こえない人への協力を呼びかけた。小学生のころ、ちょっとだけ手話を習ったことがあった私は、勢いこれらのドラマにはまり込み、大学帰りに狛江市の手話サークルに通い始めた。

正直に言えば、少し勉強すれば身につきそうに見えたのも、手話学習の魅力だった。フランス語のような外国語の勉強は、辞書を見て、カセットテープを聴いて……といった地味な個人勉強が欠かせないけれど、手話は対面の会話が中心だし、楽しく講習を受けるうちに覚えられそう。ドラマでも声を出しながら手話をしていることだし、習った単語を集中して覚えれば、短期間で活用できるようになると思った。

さらに、「手話の勉強を始めた」と言うと、まわりから「すごいね」とか「えらいね」と言われるのも、ちょっとした快感だった。「困っている人のために、なんだかいいことをしている気分」もあった。キリスト教系の女子校で育った当時の私の価値観と手話の勉強は非常に相性がよく、手っ取り早く、社会のために役立つことをしているような気分になれたのだ。

## 手話は言語？

ところが、しばらくして私は「ろう文化宣言」という、とてつもない文章に出会う。「ろう文化宣言」は、次のような一文で始まる。

ろう者とは、日本手話という、日本語とは異なる言語を話す、言語的少数者である。

そして、こう続く。

これは、「ろう者」＝「耳の聞こえない者」、つまり「障害者」という病理的視点から、「ろう者」＝

「日本手話を日常言語として用いる者」、つまり「言語的少数者」という社会的文化的視点への転換である。このような視点の転換は、ろう者の用いる手話が、音声言語と比べて遜色のない、〝完全な〟言語であるとの認識のもとに、初めて可能になったものだ。
［木村・市田 1995:354］

やや難解な文章だったが、二〇歳そこそこの私が理解したのは次のことである。まず、「ろう者」は、「耳の聞こえない人」というよりも、日本語とは違う手話という言語を使っている言語集団として捉えるべきものなのだということ。そして、手話は聞こえない人たちが日本語を補うために使っているコミュニケーション手段なのではなくて、それ自体、日本語とは違う完全な言語であるということ。

へぇ……と思った。

それまでの私は、「手話」と「点字」をほぼセットで考えていたと言ってもいい。耳の聞こえない人のためのボランティアが手話、目の見えない人のためのボランティアが点字。それぐらいの感覚で捉えていた。だから、「文化」や「言語」という視点で手話を見るというのは、とても斬新だった。同時に、手話を習って「いいことをしている」気になっていた自分の欺瞞も、少しずつ意識するようになった。

## アメリカのろう者の教会で

この「ろう文化宣言」から受けた私の衝撃は、実際にアメリカ人ろう者コミュニティを見るという体験を経て、決定的なものになる。運よく大学の交換留学制度でアメリカに留学する機会を得た私は、飯田橋にあるアメリカ手話教室（日本ASL協会）の大森節子先生のツテで、カリフォルニア州フリーモントに住む中国系アメリカ人ろう者ウォンさんのお宅に、数日間お世話になったのである。

このウォンさんは、オーロニー大学の先生で、働き者の奥さんとのあいだに、小学生のお嬢さんとまだ小さい男の子がいた。ウォンさんと奥さんはろう者で、二人のお子さんたちは聞こえる子どもたちだった。ウォンさんは、大学の手話通訳養成クラスの授業や、ろう者の教会、サンフランシスコ見物に私を連れていってくれた。初めての海外一人旅ということもあって、私にはすべてが刺激的に映ったが、なかでも、ろう者の教会の印象は鮮烈だった。

季節は一一月末。ちょうど収穫感謝祭の時期で、教会ではパーティーが開かれていた。ローストした七面鳥、マッシュポテトに甘いサツマイモの料理、そして鮮やかな赤紫色のクランベリーソース。見事なごちそうを囲みながら、ろう者たちの手がにぎやかに動き、それはそれは盛り上がっていた。

牧師さんもろう者、集まっている人たちもろう者。そして、そこに集う子どもたちといえば、とにかく騒々しかった。本当にびっくりするほどうるさいのに、大人たちは子どもを注意することもなく、手話での話に熱中している。

最初こそ、「あぁ、大人がろうで子どもが聞こえるというのはこういうことなんだ」と考えたりもしたが、すぐにそんな余裕も吹き飛んだ。外国人である私は、英語も不完全で、アメリカ手話にいたってはあいさつ程度の言葉しか知らない。ノートとペンを出して、身振りを使って、なんとかコミュニケーションをとろうと必死だった。

でも、アメリカ人ろう者たちは、そんな私を気遣って、メモに英語の単語を書いたり、ゆっくりした手話や身振りを使ったりして、私を話の輪の中に入れようとしてくれた。わずかしか理解できない状態であっても、その心遣いは肌で感じられて心地よかった。

何が「障害」で何が「障害」じゃないかは、状況によって入れ替わるんだと痛感した。耳が聞こえる／聞こえないと、コミュニケーションが通じるか通じないかは別の話であるということも、このとき、はっきりと理解したような気がする。

# ろう者の表現の魅力

私が手話を習うようになって本当にすごいと思ったのは、手話を使うろう者たちの「視覚的再現力」である。たとえば、ろう者が「このあいだ、Sさんがこういう話をしてたんだけどね……」というような話をするとき、話し手のろう者は、まるで自分が体験したかのように、SさんとSさんのまわりの人とのやりとりを立体的に表現することができる。

その臨場感をどう説明すればいいのかわからないが、それは、落語のなかの会話を見るような感じに近いかもしれない。落語家の柳家花緑が、複数の人物になりきって、子どもの役をしたり、おじいさんの役をしたり、おかみさんの役をしたりして、生き生きと会話を表現するあの芸を、ごく普通のろう者はごく普通の会話のなかで普通にやってのける。

### 物まね上手なろう者たち

ろう者は日ごろからモノや人をよく観察している。電車の中でも、町を歩いていても、人の動きや表情をよく見ている。だから、たいていのろう者は、物まねがものすごくうまい。テレビの芸能人の真似などはもちろん、初めて会った相手でもその特徴をすぐに捉えて、髪の毛をかきあげる癖、首のふり方、表情、歩き方など、相手の人となりを表している雰囲気を再現してみせる。

ろう者のなかでも「物まね上手」として定評のあるろう者は、猿が進化して人間になるまでのあの図を、自分の身体でやってみせてくれた。北京原人からネアンデルタール人を経てクロマニョン人になるまで、あごの使い方や背中の丸め方、手のブラブラ感も、本当にうまかった。ろう者は「演劇の才能がある」とか「話を物語るのがうまい」とよく言われるけれど、そのとおりだと思う。

### 話が「見える」!

ろう者の手話の会話を見ていると、とにかくワクワクする。たとえば、「電車に乗ろうとして乗りそこねた」と表現する場合、それを音声で聞いても何にもおもしろくないが、手話だとこれだけでも十分におもしろい。それを手話で表現するやり方は、話し手によって、たぶん何通りもある。一例をあげれば、次の通り。架空の相手（友達）をつくり、その友達に話しかけているような感じで表現する。

❶「ほらほら、電車間に合わなくなっちゃう」
❷「早く早く」
❸「走る」
❹「目の前でドアがしまった」
❺「行っちゃった」
❻「遅いよ、もう」

別の話し手は、それを以下のように表すかもしれない。

❶「あ、電車が来てる」
❷「走る」

❸「乗ろうとしたら目の前で扉がしまった」
❹「あーあ」
❺「電車が行っちゃった」

これらが手話で語られる様子は、まるで、ドラマを撮影するときのカメラである。どういうカットを組み合わせて一連の流れにするか。電車の停まっている様子、人の姿、走る人の顔、閉まるドアといったパーツがさまざまに編集され、情景の全体像や人物や電車のクローズアップが組み合わされて、話が「見える」ように立ち現れてくる。まさに「語り芸」としか言いようがない。

## それでは切符は買えません

手話の勉強のなかでも、物の形を捉えて表現をする練習はあるのだが、一般の手話学習者はなかなかこれができない。私が通っていた手話教室では、あるとき、「JRに乗るために券売機で切符を買う」という動きを、受講者一人ひとりが表すことになった。一〇人ほどの受講者が全員やってから、ろう者の先生が言ったのは、こんなコメントだった。

「みなさん、お金を入れる位置に気をつけてくださいね。みなさんの表現だと、切符じゃなくてジュースを自動販売機で買うみたいになってますよ。それか、少し前の地下鉄の券売機みたい」

私たち受講者は、とにかく「お金を入れる」という動きを表すのに一生懸命で、自販機によって、お金を入れるスリットの位置が変わってくるということを、ほとんど意識していなかった。そのため目線は真正面に向けたまま、手は顔の高さまで上げて「お金を入れる」という動きを表現してしまっていた。

しかし気をつけて見ると、今どきの電車の券売機は、お金を入れるスリットはもっと右下にある。画面も垂直というよりは、斜めになっている。ろう者が表現するときには、こうした空間配置が適切に再現されるのだ。

## 自在のカメラワークで状況を再現

切符を買うという動作を表すときでさえこうなのだから、ましてや情景を表す表現——たとえば、小舟が大きな波に乗り上げて、次の瞬間波の谷間に落ちていくような様子を表す表現——は、手話学習者にはお手上げである。でも、ろう者が表せば、それは本当に、状況が見えるかのようにリアルに表現される。

ろう者は、映画の一シーンなどを再現するのも異常にうまい。韓流ドラマなども、全体像、ヒロインの大写し、その恋人の大写し、二人が近づいていく距離、ヒロインの大写し、恋人の大写し、全体像……のように、見事なカメラワークで手話に表す。あまりの見事さに、見ていて大ウケしてしまう。

しかも、たいていのろう者は、人前に出て、そういう表現をするのを恥ずかしがらない。ろう者の会話では、きっぱり、はっきり、笑いのメリハリがあるのが特徴で、私から見ると、やっぱり会話そのものが芸になっていると思う。ろう者は言葉の通じない外国に行っても物怖じしないで身振りで会話できると言うが、「さもありなん」という気がする。

手話を学習する身としては、こういうろう者の表現が真似できるようになりたいと熱望するが、たぶんどんなに練習を積んでも、こうしたセンスというのはそう簡単には身につかないのだろう。

# 「コーダ」という言葉について

日本の手話では、「コーダ」は、「C」の形の手型で耳と口をふれる動きで表される。これは、指をそろえて伸ばした手型で耳と口にふれて表される「ろう者」という手話と、とてもよく似ている。実際、よほど強調して「C」の形を表さないと、「コーダ」という手話と「ろう者」という手話が間違えられてしまうくらいだ。それは、アメリカ手話が、「コーダ」を「C」「O」「D」「A」と指文字を使って表すのと、「ろう者」を人差し指で耳と口をふれる動きで表し、かなり対照的である。手話の形からいっても、日本では、コーダがろう者に近い存在として受けとめられていることがわかる。

## 日本のコーダはバイリンガル?

「コーダ」という言葉が最初につくられたのは一九八三年のアメリカだ。聞こえない両親を持つアメリカ人コーダがつくったニュースレターをきっかけに、英語圏でコーダの集まりがどんどん開かれるようになっていった。

日本では、「コーダ」の言葉は、一九九五年前後、「ろう文化」思想と一緒になって紹介された。そのため「コーダ」は、「手話が堪能」で「ろう文化」を受け継いでいるという、バイリンガルなイメージが強くアピールされた。その結果、「コーダ」は「手話が堪能な聞こえる子」だけを指すと考えられ、聞こえない親が「うちの子は聞こえるけど手話はできないのでコーダではないです」と言うようなことも出てきた。

ただ、結論から先に言えば、「コーダ」かどうかという基準は、あくまでも「聞こえない親を持つ」ということだけにあり、手話が得意かどうかは関係ない。

さらに言えば、「聞こえない親」という部分も、実はさまざまである。

「片方の親だけが聞こえない場合、それは『コーダ』なんですか？ それとも『半コーダ』ですか？」

「ろうではなく、難聴の親でもコーダですか？」

「産みの親は聞こえる人だけど、育ての親がろう者だった場合には、どうなるんでしょう？」

コーダ研究をしている私は、ときどきこうした質問を受ける。

## 「みんなコーダだよ」

私も「コーダ」の定義については疑問があったため、コーダの国際組織「コーダ・インターナショナル」の役員をしているアメリカ人コーダのトーマス・ブルさんに訊いてみた。ブルさんは、私が受けた質問を「なんだ、そんなこと」と笑い飛ばし、「みんなコーダだよ。半コーダなんてない」と明言した。

実際、「コーダ・インターナショナル」のホームページでは、片親だけ聞こえないコーダも手話を使わない家庭出身のコーダも大歓迎、と書かれている（※）。

どうやら、厳密な定義よりも大事なのは、「コーダ」としての経験とつながりであるらしい。お互いに、聞こえない親を持つゆえの気持ちが響き合えば、難聴の親のケースだろうが育ての親のケースだろうが、「コーダ」ということになるようだ。

次の章からは、私が見聞きした「コーダの会」での話やインタビューでの話を中心に、コーダのカルチャーショックについて見ていくことにする。

※ http://www.coda-international.org/（二〇〇九年七月二六日閲覧）

# 1 コーダが戸惑うカルチャーショック

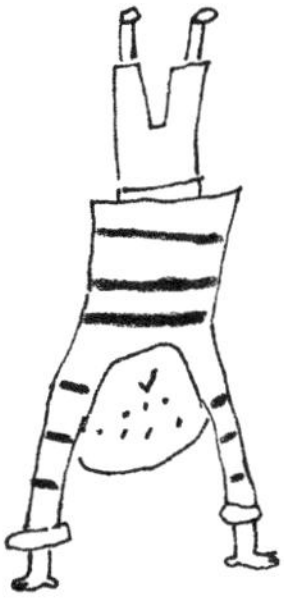

耳が聞こえ声で話すコーダは、一般の人からは、そんなに違いがあるように見られない。人々は、コーダのふるまいに「あれ？」と思うことがあっても、さほど深くは考えない。

一方、コーダのほうは、聞こえる人とのやりとりのなかで、自分の予想とは違う反応が返ってきたとか、言いたいことがうまく伝わらないと感じたという経験をしていても、自分と一般の人とでは何がどう違うのか、あまり具体的に把握していない。感覚や知覚のあり方は自分にとってごくあたりまえになっているため、「他の人は違うらしい」ということ自体を知る機会が少ないようだ。

そのような意味で、コーダの経験するカルチャーショックに焦点を当てて分析していくことは、ろう者の世界で想定される行動様式と聴者の世界で想定される行動様式がどう違うのかを知る貴重な手がかりとなる。

日々の暮らしのどのような場面で、ろう的な感覚と聴者的な感覚のズレが起こるのか。

手話話者の感覚のなかにある「ろう文化」の中身を、日本語という言葉で記述していく作業を通して、聞こえる多数派が普段見過ごしている「聴文化」の姿形も、よりくっきりと見えてくる。

# どこ行くの?

「ろう文化」と「聴文化」の違いの一つに、行き先を細かく説明する／しない、というのがある。「ろう文化」では、自分がその場から席をはずすとき、それが何のためでどこに行くのかを、具体的に説明する。もし、その場にいる誰かが何も言わずに自分の視界から消えるときには、どこに行くのかをいちいち訊く。視覚重視の「ろう文化」では、そのようにして行き先をみんなが知っているようにすることがマナーなのだ。こうした感覚は、コーダの人たちにはかなり内面化されている。

たとえば、大勢でファミレスに行って、食事をしながら延々とおしゃべりに花を咲かせているような状況を思い浮かべていただきたい。食事も終わってしばらく経ったころ、一人がすっと席を立つ。頃合いからいっても、その人のさりげない表情からいっても、トイレに行くのだということは察しがつくのだけれど、コーダやろう者の場合、ここで「どこ行くの?」と確認してしまうという。

また、同様に、テーブルにいる誰かがコップを持って席を立ったとき。コップを手にしているのだから、ドリンクバーのコーナーに飲み物を取りに行こうとしているのはわかるのだが、やはり「どこ行くの?」と訊いてしまう。

## 家の中でも「どこ行くの?」

このように、ちょっと場をはずすだけでもいちいち行き先を確認するという規範は、もちろん家の中でも浸透している。聞こえない親と一緒の生活では言うに及ばず、コーダが結婚して築いた新たな家庭においても、こうした習慣が続くことがけっこうあるらしい。

この本を書くにあたり、東京で一〇人のコーダに生活にまつわるエピソードを出し合ってもらったとき、一人が「ねぇ、うちのなかで、家族の誰がどこにいるか把握してる？」と問いかけた。これに対して、その場にいたかなりのコーダが「あぁ！」と反応した。以下はその後の会話である。

**A** たとえば家族でドラマを見てて、誰か立つと、「どこ行くの？」って訊く？

**B** あ、訊く。

**C** 訊かない。

**D** 私「どこどこ行くから」って。

**E** 私も言う！

**A** たとえば、私は「トイレ行ってくるね」とか「お風呂行ってくるね」とか、一回一回言ってから。

**D** 言う言う。

**A** で、帰ってくると、「ただいま」みたいなさ。

**一同**（笑）

**E** 言いますよ。どこどこ行くからって。

**A** それ、みんな言う？

**C** トイレ行くのに？

**A** トイレ行くのにも。

**C** あぁ、言うね。

**F** 親に訊かれました。変な格好でちょっと外出ようかな……って思ったら、「どこ行くの?」って。だから、「たばこ、たばこ」って。

**A** 私も子育てをしているんだけど、三歳の娘がふっと立つと「どこに行くの?」って訊いちゃう。確認して、「あ、トイレね。はい、行ってらっしゃい」みたいな感じ。自分も「ちょっと洗濯物干してくるからね」とか、いちいち言う。そうしないと、「ママー!」ってすごくなるのよ、うち。

この話を出したAさんは、最後の娘とのやりとりに関して、知人に、それは普通のカウンセリングの人に言うと誤解を受けるから気をつけたほうがいいよ、と言われたそうだ。

「三歳で、ちょっとママの姿が見えないだけでパニックになる子どもは、絶対おかしいって言われるからって。でも、コーダだと思えば、そんなのもあるわねって、その人が言うの」

そして、そのときに、世間一般の家庭では、家の中でいちいち「どこに行くの?」と訊いたり、自分がどこへ行くと言ったりしない、ということを知ったという。

「私はそれがあたりまえだと思っていて、違うということに気づかなかったから」

## 「トイレ行ってます」と「席はずしてます」の違い

このように、無意識のうちに「ろう文化」の規範を身につけているコーダは、職場や学校などで感覚の違いに戸惑うこともある。市役所勤務のあるコーダ女性は、かなり長い年月、トイレに行くときには「トイレ行ってきます」と断って出ていたそうだ。「職場の人には、最初は変わった子だなぁと思われていたみたい。若い娘さんが、『トイレに行く』ってわざわざ言うなんて。『会議に行く』とは言うけど、『トイレに行く』とは言わないと、後で知った」

しかし、彼女のほうは彼女のほうで、「なんでみんな言わないんだろう？　言ってくれないと、訊かれたときに説明できないじゃない」と思っていた。そして、誰かがいないときに「○○さんは？」と尋ねられると、「あ、たぶんトイレ行ってます」と答えていた。やはり後になって、職場の人に、そういうときは「普通は『席をはずしています』と言う」と言われ、そういう違いがあることに気づいたそうだ。

たしかに「聴文化」では、察してわかることはわざわざ言葉で確認しない。公的な場でも、何を情報として伝えるかのポイントが違う。先の「席をはずしている」という言い方では、取り次ぐ人は「本人はこの場にいないのですぐに対応できない」という情報を中心に相手に伝える。そのとき、本人の不在を謝ることはあっても、本人がどこにいるかを具体的に把握していることまでは求められない。

## 透明度を高くする文化

家の中でも、聴者は場を立つときに互いにいちいち断りを入れない。その必要もあまり感じていない人が多いだろう。例外といえば、小さい子どもがいる母親ぐらいで、そのときには母親は「ゴミ出してくるね」「お母さん、シャワー浴びてくる」などと子どもに自分の居場所を伝え、子どもが母親を探して不安にならないよう配慮する。しかし、それも、子どもが小学生くらいになれば、自然に細かく断らなくなってくる。

一方、「ろう文化」では、曖昧な部分をなくし透明度を高くしておくことが、高い価値を持つ。なぜ今いないのか、どこで何をしているのか、全体の見通しがつくという安心感は大切なのだ。

おそらく、ろう者にとってみれば、聴者の言動は、それだけ見通しのつきにくいものなのだろう。手話のわかる人同士のあいだでは、全員が話がわかるように情報を共有するという前提で、このような文化が発達したと思われる。「ろう文化」では、わからないこと、知りたいこと、確認したいことがあったら、すぐに訊いてかまわない。他人の話を途中で止めてはいけないのではないかと過度に気を遣わなくてもよい。そして、訊けば明快な答えが返ってくる。そういう文化である。

日本の聴者は慣れてしまっているが、「察し」や「暗黙の了解」が前提となっている音声日本語のコミュニケーションは、ろう者やコーダだけでなく、外国人などにとってもわかりにくいものなのだと思う。

## 「見る」と「見つめる」

聞こえる人とのやりとりのなかで、コーダがトラブルを起こしやすいものの筆頭にあがるのが、視線の使い方だ。インタビューでも「コーダの会」でも、視線に関する話を訊くと、いろいろなエピソードが返ってくる。

**私**　目線のこととか、他の人から指摘されたことあります？

**G**　あります。「最初はすごくじっと見られてどうしようと思った」とか。第一印象はみんな怖いと思うみたいで。私のことを。私はただなんとなく見ていただけなのに、「あんた今ガンつけたでしょ」とか。

あと、アルバイト先で、やはり目を見てしゃべっていたら、男性が勘違いをして、みんなに言っていたんですよ。「アイツ、おれのこと好きなんだよ」って。それから、相手が男性のときはなるべく目を見ないように意識的にしています。なるべく目をそらすように。

### コーダはじっと見つめる

別のコーダは、至近距離で相手の目を見ないように気をつけようとするあまり、逆に、不自然なほど目を合わせない。たまたま私とその人が話しているときにもそういうことがあり、私が笑って「気をつけて視線を合わせないようにしているのがわかる」と言うと、彼女は「どうすればいいかわからなくて」と苦笑した。

また、ある聞こえないお母さんは、幼稚園の先生に、「なぜお宅のお子さんたちは、いつも私のことをじっと見ているのでしょうか?」と訊かれたという。

先生が「はい、次はハサミを使って切りますよ〜」などと言うとき、ほかの子たちは適当に「は〜い」と言って作業をしながら先生の話を聞くのに、そのコーダの姉妹はどちらも先生の目を見ているため、先生は戸惑ったらしい。

コーダの視線が聴者に与える違和感。それは一言で言えば、視線が長く、なかなか目をそらさないことであるようだ。視線をどう使うかは社会によっても違うが、日本社会ではイタリアのような社会よりも、人々は長い視線を交わすことに慣れていない。

## 聴者の視線は物足りない

しかし、聞こえない親と日々やりとりをしているコーダは、相手の目をしっかり見ることを習慣化している。聞こえない人同士の会話や、聞こえない人と聞こえる人との会話では、手話であれ、唇を読むのであれ、話し手と聞き手がお互いにしっかり見なければ、コミュニケーションそのものが成立しない。唇を読む場合は、ちょっとでも目をそらせば、何を言っているのかわからなくなってしまう。手話の場合でも、文法やトーンが表情で表されるため、やはり顔を見るのは重要である。

しかし、コーダにとってはあたりまえのこの目線は、聴者には、「見る」というよりも「見つめる」

に近いものとして受けとめられる。そして、過剰に意味を読み込まれ、誤解を招いてしまう。

人々は、初めて会ったときにまっすぐ見つめられたり、会話をしながら長いこと見つめられたりすると、落ち着かない。何か意味があるのかなと思ってしまう。音声日本語のコミュニケーションでは、目線をそらしたり、目線を下に向けたりすることで、視線や緊張をやわらげる「暗黙のルール」が働いているのである。

しかし、コーダの側からしてみると、そのような聞こえる人の目線は物足りないものに映る。実際、「聴者は見てくれない」と口にするコーダは少なくない。

同級生としゃべっていてもすごく感じることで、みんな目を見ない。最初は見ているんだけど、すぐそらされちゃうから、「コイツ聞いてないよ」って。本当は聞いているんだけど、私からは「聞いてない」って見えたりとか、「まじめに話してくれていない」とか、そういうふうに受け取っちゃって。まず見てくれないっていうのが嫌。

聴者にとっては目をそらされないことが苦痛。でも、コーダのほうでは、目をそらされてしまうことが苦痛。

手話の感覚では、目をそらされるということは、相手が自分の話よりも他のものに関心を向けていることを意味しており、相手がこっちの話をきちんと聞こうとしていないように感じてしまう。「本当は聞いているんだけど」と、聴者は目を合わせなくても聞いていると頭では理解していても、自分では、相手が真剣に関わろうとしていない印象を持ってしまう。

## 資料を見ながら聞くなんて

会議や説明会のような場でも、資料を見ながら話を聞いている聴者の姿は、コーダにとって違和感のあるものであるらしい。

職場の会議でも、学校の授業でも、保護者会でも、配られた資料があると、多くの人はそれを見ながら説明を聞いている。みんな下を向いているなかで話し手がしゃべる。あるコーダは、職場の会議が終わって、同僚が「今日は実のある会議だった」と言っているのを聞いて、「そうかな？　みんな下向いてたじゃん」と思ったと言っていた。

実際、コーダやろう者は、話し手が大勢に対して話しかけている場でも、資料があったりメモをとったりする場合でも、話し手を律儀に見ている。単に見るだけでなく、うなずいたり「なるほど」という表情をしたり、自分も相手の話に対する反応を返している。こうしたコーダの感覚からしてみると、人が話しているのにその人を見ないということは、身が入っていないように感じてしまうのも無理はない。

## 後ろから覗き込んで話す!?

コーダの話を聞くと、目を合わせたくて不自然なふるまいをしてしまったという話はよく出てくる。たとえば、電車の中で友人と横に並んで座ったとき。

聞こえる人は、そのような状況では、無理に首を曲げて相手の顔を見ることをせず、二人で同じ方向を見ながら声だけで話すことが多い。しかし、自分は相手の目を見たくなって覗き込んでしまった。あるいは、聴者と仕事の打ち合わせをしているとき。相手はメモを書くことに集中している。でも自分は目を合わせたくて、つい相手がこっちを向くような呼び掛けをしてしまった。

あるいは、友人と一緒にエスカレーターに乗ったとき。急いでいる人が通れるよう左側に一列に寄って立ったものの、自分の前の段にいる友人と話をしようとして、その友人の顔を後ろから覗き込んでしまった、などなど。

こうした話は枚挙にいとまがない。やはり、コーダは相手の目を見たいのである。表情を確認したいのである。相手の目を見なければ、本当に言いたいことが伝わらないような気がしてしまう。

## 「長い視線」で攻撃も

視線の違いについての話がこれだけたくさん出てくるということは、そのギャップを日常的に感じているコーダが多いということでもある。普段はコーダたちは、聞こえる人の目の使い方を自分では物足りないと感じながらも、聞こえる人のやり方ではそうなんだなぁと思い、変な誤解を招かないよう、気をつけている。

しかし、コーダのなかには、コーダ目線を抵抗の手段として使ってみたというツワモノもいる。地域の手話通訳研修で、先輩通訳者からあまりにも「コーダなのに」「コーダだからといって」と言われ、いささかうんざりしていた彼女は、「そんなに言うなら」と、先輩からの小言に対して、「はい」とじーっと相手の目を見るようにしたという。その目線のまま、五秒、一〇秒。「そうすると、たいてい相手は目をそらすよね。それか、『ねぇ』と他の人のほうを向いて助けを求める」

この話を聞いたとき、私はある種の愉快さを感じた。

手話通訳者や手話学習者など、手話に関わる人たちのあいだでは、「コーダ」という言葉はかなり広まっているが、個々のコーダの状況はあまり知られないまま、「コーダだから手話ができて当然」といった先入観が先走りしている。そのため、手話を学ぼうとしたり手話通訳技術を勉強しようとしたりするコーダが、「コーダ」という言葉で括られていろいろ言われてしまうことも多い。

「コーダなのに手話勉強するの？」

「(コーダだから) 手話は第一言語よね」

「(コーダだから) もっと手話ができるかと思った」

「コーダだからといって通訳ができるわけじゃないから」

しかし、このコーダは、相手が「コーダ」「コーダ」と言うことを逆手にとって、「はい」とうなずきながらも、長めの視線で見返すことで、ささやかな抵抗を試みた。別に恨みがましい目をするわけでなく、ただ見ているという視線。それが長い。長い視線に慣れているコーダからしてみれば、なんということはなくても、聴者の感覚を持つ相手にしてみれば、音声のない注視は気まずく感じたに違いない。

聞こえる人の感覚とはかなり違うコーダ目線。でも、常にコーダの側が聴者に合わせるのではなく、「コーダ」ということで不当な扱われ方をしたときには、こんなふうに返すのもアリだなぁと私は思う。

## 見えるもの、気になるもの

コーダと聴者では、たぶん、同じように街を歩いていても、見えているものが違う。気になるものも違う。たとえばエレベーターに乗るとき。あるコーダは、最近では「気をつけて数字を見るようにしている」と語った。

「普通の人は、エレベーターの中でドアの上の数字を見ているじゃないですか。でも私は、エレベーターに乗っている人がこっちを見ていなかったら、頭のてっぺんから爪先まで、なめまわすように見たくなる」

そして、見るときには、「この人、靴が汚れているな」とか、「この人、年のわりには背が小さいのかな」とか、「なんで男の人同士乗っているんだろう?」とか、いろいろ考えながら見るのだそうだ。目の前に見えているものの背景を思いめぐらしながら見るという、こうした感覚は、おそらくろう者とも共通する種類のものである。

### 妻に小声で「見るな、見るな」

しかし、多くのコーダは、自分の物の見え方や気になり方が他の人と違うということに、それほど気づいていない。「ろう文化」について勉強しているろう者とか、「ろう文化」に興味を持って知識を持つようになった聴者とか、そういう人から言われて、初めて「え? そうなの?」と驚くという。あるコーダは、職場のろう者からそれを指摘されたと語った。

「訊かれたんです。『隣の人のカバンが開いていると、中を見る?』って。〝うん〟と答えると、『それじゃ、ドアが半開きになっていたら、中を見たくなる?』。〝うん〟。そしたら、『それはろう文化なんだよ』って」

一般的な聴者と結婚したあるコーダ女性は、ご主人と一緒に街を歩いていると、ご主人から「見るな」と突っつかれることがあると話してくれた。

このご主人は、長年の夫婦生活を通して、コーダである奥さんの物の捉え方や立ち居ふるまいが世間一般の人と違っていることに気づき、「それはなぜなんだろう?」と考えた。その問いの先に「ろう文化」があることを知ったご主人は、妻の目に見えているものや妻の言語感覚が自分と違っていることを理解した。しかも理解しただけでなく、それに沿って、妻の行動の予測が立てられるようになった。

たとえば、夫婦で電車に乗っていて、その車両にたまたま風変わりな人がいたとする。「これは……」という予感がして妻を見ると、果たして妻は、その人から目が離せなくなっている。ご主人は、「見るな、見るな」と妻に小声で合図する。こういった具合である。

このご夫婦は、聴者とコーダの違いを事あるごとに夫婦で話して確認してきたので、奥さんは、私のインタビューに対しても、自分のどういう感覚が「コーダらしい」のか、言葉に整理して説明できるようになっていた。

「聞こえる人は、〝何かおかしいな〟って思ったら、目をそらす。でも、私は、〝何かおかしいな〟って思ったら、目がついいってしまう。なんで見なくていいの? って思う」

## 儀礼的無関心の行方

たぶん、「なんで見なくていいの?」というこの感覚は、聞こえる人たちが、違和感のある音を聞いたときに、振り返って確認したくなる感じに近いのだろう。

聞こえる人は、聞き慣れない音を聞くと、それがどこから出ているのか、なぜそのような音がしたのか、その理由を具体的に特定しようとする。大きすぎる声や外国語の会話が聞こえてきても、ちらりと目をやり、誰がどういう相手にそういう声を出しているのかを確かめて納得する。ゴロゴロという雷の音や、ザーッという雨音を聞くと、窓の外に目をやるし、音がすれば、誰かと会話しているときであっても、音のするほうを振り向く。耳慣れない音がしたときに会話の途中で振り向くことは、相手も了解することであり、場合によってはそれまでの話を中断して音について話し、また元の会話に戻る。興味深いのは、聴者の場合、聞き慣れない音を聞くときの対応と、見慣れないものを見たときの対応で、求められるマナーが異なっていることである。

おそらく本当のところは、聞こえる聴者も、違和感のあるものを見たときに、それを心ゆくまで眺めたいという思いは持っている。でも、見る対象が人だったり、他人の持ち物や空間であったりする場合、エチケットとしてその思いを抑制し、無関心を装う。社会学者のアーヴィング・ゴフマンは、これを「儀礼的無関心」と呼んだ。しかし、考えてみるに、この「儀礼的無関心」は視覚についてこそ強く当てはまり、耳慣れない音を確認することはかなりの程度許容される。聴者の場合には、見ていることを見られる恐れが、ろう者やコーダよりも強くあるのかもしれない。

## 動画の思考

コーダの頭の中は、聴者とは違う。たぶん、頭を割って中を覗いてみたら、きっとテレビみたいに動画になっているんだろう。

私がそう感じるようになったのは、コーダへのインタビューを重ね、飲み会にも何度か参加して、コーダの友達が増えてきたころである。もちろん、コーダ全員に当てはまるわけではない。でも、やっぱり何らかの傾向がある。

### 旅行の準備をどうするか

たとえば、ある飲み会の折、「ねぇ、旅行に行くとき、歯ブラシとか、服とか、どうやって準備する?」という話が出て、盛り上がった。その場にいたのは、一〇人のコーダ、一人のろう者、そして聴者の私、という状況だったのだが、驚いたことに、私と一人のコーダ以外は、実際に旅行にいった情景を頭の中で映像にしてシミュレーションしながら準備をするという話だった。

つまり、「家を出るでしょ。駅で友達の○○さんと会うでしょ。新幹線に乗って、お弁当食べて……」と、時系列に沿って、実にこまごまとした場面まで映像にして思い浮かべ、「温泉に入るから、タオルとスキンケアセットはあった方がいいな」「ここで歯磨くから、歯ブラシが必要」というようにたどって、必要なものをそろえていくらしい。このときの頭の中の映像は動画で、しかも、その中で動いている自分の姿も目に浮かぶそうだ。

ちなみに、私が旅行の準備をするときのイメージは、修学旅行の「しおり」の持ち物チェックリストである。

「タオル→バスタオル一枚、タオル三枚」「お風呂セット→シャンプー、リンス、歯ブラシ、洗顔フォーム、化粧水、乳液」「化粧道具→日ごろから化粧ポーチに入れているもの」といった感じで、まずカテゴリーから考えて、具体的なモノを決めていく。

映像は思い浮かばなくもないが、それはタオルの図柄だったり、タオルが入っている洗面所の引き出しの外見だったり、基本的に静止画である。モノや場所の姿形までは浮かんでも、旅館のお風呂でシャワーを浴びている自分の動画はまず出てこない。ましてや、準備の段階で、旅行中の自分の視野に入ってくるものを時間を追って思い浮かべるということは絶対にない。

## 「馬に乗っている」自分が見える

この旅行の準備の話は、その後もコーダの会で何度か話題になった。私が同席させてもらったときにも、この話題は初めてというコーダに「旅行いくときはどうやって準備する?」という質問が出ていた。

**A**　旅行いくときはどうやって準備する？　荷物を準備するときってさ、どういう頭の中になってる？

**D**　生活する。一日過ごす。

**B**　やっぱり。聴者って、そうじゃないんだよ。

**私**　待って待って。「一日生活する」の内容をもうちょっと詳しく。

**D**　だから、旅行に行きました。お風呂に入るから、下着、パジャマ。で終わって、あ、化粧水つけなくちゃ、とか。次、歯磨きして。で、寝ます。で、朝起きて、歯磨き。で、えっと……って、そういうふうに、生活する。

**H**　時間軸だね。

**私**　三泊は？

**D**　一泊して、かける三。

**私**　あぁ。

**一同**　（笑。大盛り上がり）

**H**　行く場所によってさ、違うときには、どこどこ行くからって。絵だよ、絵。

**F**　イメージしますよね。

**A**　一日目牧場行きます。あ、牧場行くなら、ズボンのほうがいいか〜。馬に乗ったりなぁ、とか。

**D**　自分が牧場にいるよね、自分がね。

**私**　へぇ〜。

## タンスにしまってあるタオルか、顔を拭いているタオルか

その場のコーダたちは、「まず最初にぱっと絵が出る」「映像が浮かぶ」と口々に言い、「普通の人は

出ないんだって。これ、びっくりでしょ」とか「映像が浮かばないほうが不思議」と思い思いの感想を言っていた。なかには、学校で持ち物チェック表を配られたときに、こういう方法もあるということを初めて知ったという人もいた。

**B**　タオル出さなきゃっていうとき、おれらは朝顔拭くっていうイメージがあって、タオルを出すわけ。でも、僕が訊いた聴者は、タンスにしまってあるタオルを思い出すんだって。

**私**　私もそう。

**A**　使用してるときじゃないんだ。

**私**　使用状況じゃない。

**B**　朝、洗って顔拭くときのイメージはないんだって。家のタンスの中にあるときのこれを思い出すんだって。

**A**　じゃ、歯ブラシとかもそうなんだ。

**B**　そう、ものが出るんだって。旅館の部屋とかは出ないって。

**一同**　（笑）

## 動いている手の「軌跡」が見える

あるコーダは、人に道を訊かれて説明するときも、そのなかを歩いている自分の像が浮かぶという。歩いている自分の像を中心に風景が変わり、踏み切りでは、遮断機が上がってそのなかを自分が通っていくという映像が見えるそうだ。

この、頭の中で絵が「見える」という感覚。私のような聴者も、何か想像するときに映像が思い浮かばないわけでもないが、それは静止画だったり、非常に大雑把なものだったりで、細部まできちんと描き込まれていないし、鮮明でもない。

コーダの丸地伸代さんは、親が手話で、雨はどこから来るんだろう？　雲の上におなべがあるのかな？　といった〝ユーモア語り〟をするとき、いかにその情景が見えるかを書いている。

「手話で語られたときは、その情景がどんどん頭の中に広がっていって、雲の上には大きな大きななべがあってそこに満タンに水が貯まっている様子がありありと見えます」

そして、手話環境で育ったコーダが手話を見るときは、音声言語の感覚だけで育った一般的な手話学習者と違って、「複雑な手の動きであってもその動きが軌跡として残り、しかも、それがコンピューター・グラフィックスのように映像がどんどん書き加えられていく」と言っている。

動いているものが軌跡のように残って見える、というのは、ろう者が空書《そらがき》を読み取るときについてもあてはまるらしい。空書というのは、目の前の空間に指で大きく漢字を書いてコミュニケーションする方法である。

ろう者は、手話の通じない聴者とやりとりをするときや、漢字の表記を知りたいときなどに、空に指で漢字を書くようにと言う。そうやって空に書かれた漢字は、聞こえる聴者はたいてい読めない。そもそも空書の場合には、紙の上に書かれた文字を読み取るのとは違って、鏡文字のように反転した字を読み取らなくてはいけないのだ。けれど、ろう者は、それを見て、なんと書かれたかを読み取る。そし



1　コーダが戸惑うカルチャーショック

て、コーダのなかにも、ろう者と同じように、それをパッと読み取る人がいる。それは、指の動きが一瞬で消えてしまうのではなく、軌跡となって残って見えるからだという。

## あなたの頭の中は?

私は驚いた。いたく感心した。そして自分の家族とか、大学時代の友達とか、そういう人たちに、コーダの頭の中が動画みたいになっているという話をした。「たとえば、旅行に持っていくものを準備するときにはね……」といった感じで。

そうしたら、私の知り合いのなかにも二人いたのである。聴者であっても、自分も頭の中は絵で考えているという人が。そのうちの一人である大学時代のクラスメートは、ごく小さいころは英語で育ち、その後日本語だったから、あまり言葉の名前にこだわらず、ものの映像で思考するようになったと説明してくれた。

言語と思考。その関係性の複雑さをあらためて感じさせるエピソードではある。しかしもう一人は、とりたてて複数の言語に揉まれて育ったわけではないが、それでも、絵的な思考がかなり強いらしい。

頭の中の思考がどうなっているかは、わざわざ言葉にして表現するようなことではないから、案外、人それぞれ違っているものなのかもしれない。

# 会話の方法

あるコーダの話。手話のわかる職場の先輩と日本語でやりとりしたときに、相手から、受け答えの仕方がろう者的と言われたという。

このコーダは、先輩たち二人が飲んでいるのを知っていて、「まだいますか？」とメールした。すると、「いるよ。いつまででも待ってるよ」と返事が来た。それに対して「やっぱり行きません」とメールしたら、向こうから「ろうだ〜！」という返事が返ってきた。

彼女は、自分では意味がわからなかった。「なんでですか？」「なんでですか？」と先輩たちに訊いて、次の日、三〇分くらいかけて説明してもらった。

聴者の場合には、「まだいる？」と訊くこと自体に、自分が合流したいという意思が込められている。それを汲んで、先輩たちは「待ってるよ」と返事をした。でも、彼女はそこで「やっぱり行きません」だったので、ろう者とのつきあいも知っているこの先輩たちは、「ろうだ〜！」と反応したのである。

たしかに、手話の感覚では、彼女のやりとりはきわめて合理的である。

まず、先輩たちが今もいるかどうかという情報を客観的に確かめる。そして、その情報を得た後で自分はどうしようかと考え、やはり行かないと判断する。先回りをするのではなく、一つひとつ情報を確かめて思考する、まさに「ろう文化」の対応である。

## 訊いたことに答えない「聴文化」

私も、最近になって、「ろう文化」と「聴文化」では、適切とされる受け答えの仕方がかなり違っているのかもしれないと思い至るようになった。

たとえば、日本語の場合には、質問と答えがきっちり嚙み合っていなくても、内容がつながっていれば、それほど問題にならない。しかし手話では、質問をするときには返ってくる答えの範囲がある程度想定されているようで、そこからはずれると、かなりの違和感が出てくるらしい。あるコーダ男性は、この点を次のように語った。

(聴者は) 訊いたことに答えないってことに最近気づいた。答えないっていうか、訊いたこと以上に答えるっていうのかな。「宅急便来た?」って訊いたときに、「うん、来たよ」って返事だったらいいんだけれど、「コーヒー飲んでいるときに来た」とか、「テレビ見ているときに来た」とか、なんかよけいなことも入っていたりする。質問した以上に答えるっていうか。この友達に限らずなんですよね。「聞こえる人って、なんでそこまで答えるの? 訊いていないのに」っていう感覚がどこかにある。

このコーダも言っているように、「来た?」と訊いたら、まず「来た」「来ない」と答えるものだという感覚が、手話話者にはかなりはっきりあるらしい。補足的な説明は、後から付け加える。

しかし「聴文化」では、その質問の意図を汲んで、先回りをしたような答え方をしたり、訊かれたこと以上の情報を先に加えたりすることを、かなり頻繁におこなっている。まさかそれが「よけいな」ととられるとは、思ってもみない。相手のろう者はイエスかノーかを訊いているだけなのに、「そう」「違う」という答えをするまでに延々と説明を続け、「だから何を言いたいの?」と思わせてしまうのは、聴者にありがちなパターンである。

逆に、言葉で表されたことに対して必ずしもストレートに返さない日本語は、コーダにとっては難しく感じられるときもあるらしい。特に、〝言葉の綾〟というのだろうか、相手が言っている言葉の意味そのものと実際に相手が想定しているふるまいがずれている場合には、言葉の裏にある意図がとれなくて失敗してしまったと思うこともあるようだ。

先の「まだいますか?」のコーダの場合は、「いつでも遊びに来ていいよ」と言われて、その日に行ったことがあるという。一年ぐらいしてから、そのときの相手から「あれはびっくりした」と言われて、逆にショックを受けた。「それならああいうふうに言わなければいいじゃん」と思った。

### 「その服、似合わない」

別のコーダの場合には、そのストレートすぎる話し方が、学校の友達の気分を害してしまった。

**G** 小学校のときにすごく友達同士のトラブルがあって。私は思ったことをそのまま言っていたんですよ。そうすると、「あの子、意地悪」って言われる。よかれと思って言ったことがすごいダメになっちゃって。で、しばらくして思ったのは、健聴者のなかでは、素直には言わないんだなって。曖昧に言うとか、遠まわしに言うとか、そういうふうなんだなっていうことが徐々にわかってきた。最初は、「なんで言わないの?」って(笑)。やっぱり女の子だと、髪とか服の話になって、「この髪似合う?」って訊かれたときに、本当に似合っていないと思ったから、「似合ってない。前のほうがよかった」って言うと、すごく怒られるし。「なんで怒るの?」みたいな。だから、「あ、それは言っちゃいけないんだな」って。言っちゃいけないっていうか、「似合うって言ってほしいんだな」っていう、なんか変な感覚ですよね。それは今でもちょっと慣れない。

私　なんか使い分ける。思ったことと言う部分と。

G　だから、本音と建前があるっていうのも、徐々に小学校ぐらいから覚えてきたっていうか。……言葉のズレとかは、小学校のときも感じていた。感覚のズレっていうか。私がこう説明しているのに、それが相手に通じてないとか。で、相手が説明していることがよく飲み込めなかったりとか。

手話話者のあいだでは、話し方は非常にシンプルでストレートである。思ったことはそのまま相手に伝えるのが、相手にとっての親切だという了解がある。

また、「太った?」などと相手の外見についてコメントしたり、初対面の相手に年齢を訊いたりすることも、失礼に当たらない。もし年齢が近ければ共通の知り合いがいるかもしれないし、取り立てて隠すほどのことではない、という感覚もあるようだ。しかし、こうした手話の感覚でコーダが日本語で話してしまうと、聞こえる人の世界では浮いてしまうこともある。

あるコーダは、聞こえる人の文化を「察する文化」と言い、聴者は察する部分を調整しながら言葉にしていると語った。

「聞こえる人の文化だと、察する文化というのがある。全部は言わない。でも自分は、すべてを全部説明してしまって、相手に引かれたりする。日本語にしたとき、どの部分だけを説明すればいいのか、よくわからない。どんどんどんどん言葉を重ねてしまって、『何を言っているのかよくわからない』と言われてしまったりする」

### コーダはなぜ早口か

コーダの丸地伸代さんも、エッセイのなかで同様の思いを綴っている。丸地さんは、日本語よりも手話のほうが得意というタイプのコーダであり、その視点から、手話と日本語の特徴の違いを次のように分析している。

日本語、特に話し言葉の日本語が苦手で、何かを言おうとすると、早口になります。それは単に自分の癖だと思っていましたが、そうではなく、もともとコーダにはその傾向があると考えるようになりました。日本語になると彼らは一様に多弁になり、無理に聴者のペースに合わせようとして早口になります。［中略］

つまり、こういうことです。手話は目で見る言語です。目の前に一枚の映像があり、その隅々まで捕らえたものを丸ごと情報とするのが手話で、一方映像の中心にある木や人物のようなものだけを情報とするのが音声語のようです。ですから、手話を音声言語に翻訳するときはいつも「ものたりなさ」を感じます。どうしても自分に見える情報の全てを伝えようとするために、日本語が追いつかなくなるのです。ことばの数を、聴者が話す日本語にふさわしい情報量に落とすために取捨選択する術を、私は持ち合わせていないのです。

［丸地 2000:92］

しかしこれを読んで、日本語のほうが手話よりも言語化する部分が少なくて済むと考えるのは、短絡的だろう。丸地さんが、日本語にふさわしい情報量に落とすのが難しいと感じているのと同様に、私のような手話学習者にとっては、手話での自然な表現になるよう、手話にふさわしい情報量に調整するのが難しい。

日本語の感覚で手話を表した場合、必要な説明プロセスをすっ飛ばして舌足らずな表現になってしまうこともよくあるが、逆に、手話では「よけいな」と感じる説明をつけ加えて、相手に、話のポイントがわからないと感じさせてしまうこともある。また、自分としては相手の言ったことに関連のある話を出したつもりだったのに、相手のろう者は、「もう済んだ話をなんでわざわざ蒸し返すんだろう？」と疑問を感じ、お互いどこでズレたのかを確かめようとして、疲れてしまったこともある。

たしかに、音声日本語のほうが察しを前提としたやりとりは多いかもしれないが、会話のなかで何をどこまで言葉にするかの適切さは、言語によってそれぞれ違う。日本語には日本語の、日本手話には日本手話の、英語には英語の、アメリカ手話にはアメリカ手話の適切さがある。結局のところ言えるのは、そんなあたりまえの結論である。

## 手話は掛け合い

おもしろいのは、手話と日本語では、話の展開のさせ方だけでなく、会話のやりとりの形式もかなり違っている点だろう。

手話で想定されているのは、掛け合いの会話である。たとえば、話し手が「昨日の飲み会で友達と話し込んじゃって、気づいたら一時で電車がなくて……」という話をしたとする。おそらく、手話では「その後どうしたの?」とか「何の話をしていたの?」などの質問を聞き手がおこない、話し手がそれに答え、さらに聞き手がまた質問を重ねる……という形で、掛け合いのようにして会話が膨らんでいくことが想定されている。

聞き手の質問は大切なのだ。しかし手話を勉強する聴者にとっては、「掛け合いこそが手話での会話」と頭ではわかっていても、実際の会話のなかで適切なタイミングで質問を入れるのはけっこう難しい。

## 聴者は反応が足りない

たとえば、私はろうの友人と手話で話していて、「反応が足りない」と言われたことがある。相手の話に対して私の打つ相槌やうなずきが、ろう者からは物足りなく見えるようだった。私としては、「ろう文化」に従って、聞こえる人としては不自然なくらいに大きくうなずいているつもりでいたから、それでも「反応が足りない」と言われて、「え?」という気持ちだった。しかし、手話どっぷりの環境で育ったあるコーダは、まさに私の感じたこの戸惑いを、逆の方向から経験していた。

ろう者と話しているときと、聞こえる人と話しているときと、なんか違うなーと思うのは、反応の仕方。聞こえる人にしゃべっていると、絶対みんな、うんうんとうなずく。「えー、それだけ？」みたいな気がする。「あ、わかるわかる」って言ってはくれるんだけれど、でも、基本的に「あぁ、うん」っていう反応。手話学習者でもそういう反応が少なくないから「なんか言え～」って思う。

私の反応に物足りなさを感じたろう者同様、このコーダも、「うんうん」という聴者の反応に対して、思わず「えー、それだけ？」と感じていた。私も、反応の足りなさを指摘されてからは、意識して、「へぇ」「それはすごい」「ほんとに？」「なるほど」などの表現も返すようになったけれど、やはりそれでも手話の会話のテンポは不自然で、話がどんどんつながっていくという感じにはならないようだ。私は、手話を学習した聴者だから、たとえ手話で話していても、会話の方法——つまり話の展開のさせ方、相手への反応、テンポ、例の出し方など——が徹頭徹尾、聴者的なのだと思う。

逆にコーダの場合には、日本語で話していても、ろう同士で話をするときの掛け合いをしてしまうこともあるという。相手の話に途中で質問をはさんでしまい、「終わるまで待って」と言われたりする。「でも、自分が話すときには、相手がどんどん質問をしてくれないと、ちょっと寂しい」とあるコーダは語った。

## 「知っていて当然」と思われるコーダのしんどさ

会話のあり方というのは、要は慣れの問題である。たとえその言語の文法を身につけ、語彙を増やし、発音や動きをきれいにしたとしても、自然な会話のやりとりができるようになるには、かなりの程度その言語を使う人たちのあいだで揉まれなくてはいけない。そうやって、その言語のやりとりの感覚を覚えていくのだ。

ただ、そこに数の問題は影響する。私は手話で不自然な受け答えをしても、「聴者だから仕方がない」と言われるだけだが、コーダの場合には、日本語で不自然な答え方をすると、たいていびっくりされてしまう。

「大枚をはたいて買う」の「タイマイ」がわからない。そんなこともわからないのと言われる。陰で言われる。ずいぶん泣いた。本当は、そういう言い方や、聞こえる人にとっての慣習に接した経験が少ないために、わからなかったり、はずれたことをしてしまったりするだけ。だから、経験を積んでいけば理解できるんだけど、大人になっているのにそういう経験を十分に積んでいないことが理解されない。「こんなこともわからない常識のない人」という扱いになり、信用を失ってしまう。

コーダの場合には、外国人の子どものように、違う経験を積んできていることが理解されにくく、当然日本語環境で育った人であるという思い込みで、しばしば否定的な扱いを受けてしまう。

この発言をしたコーダは、同様の扱いをろう者の側から受けることもあると言っていた。コーダだから手話やろう的な物言いを熟知しているはずと思われているために、たまに間違えた対応をしてしまうと、ろう者から「こんなことも知らないの?」とびっくりされるという。しかし実際のところ、このコーダのように、自分の親とのコミュニケーションには慣れていても、ろう者コミュニティの中でのやりとりは十分にしないで育っているコーダも多い。

会話の感覚への不慣れという点では同じでも、「知らなくて当然」と扱われるのと「知っていて当然」と扱われるのとでは、大きな違いだろう。こうした理解されにくさゆえのコーダのしんどさというのは、たしかにあるように思う。

# 2 コーダがしていること

この章では、聞こえない親とその子どもであるコーダの生活を取り上げる。コーダは耳が聞こえ、さまざまな音や音声日本語に直接アクセスすることができる。こうした条件は、しばしばコーダを、音声言語社会に暮らす大人の人たちと聞こえない親をつなぐ立場に置く。コーダは、音に関する情報を親に伝える。また、子どもという立場でありながら、いろいろな説明をしたり、通訳をしたり、日本語の文章や手話の解説をしたりする。そうした事柄は、コーダを大人びさせてしまうこともある。

さらに、コーダは、ほかの人たちから「親が聞こえないから」と言われることを恐れ、必要以上に「普通」であることを強調せざるを得なくなるときもある。これは、親が聞こえないことそのものよりも、親が聞こえないということを世間がどう捉えているか、ということが大きく関わってくる問題でもある。

実際の生活のなかで、聞こえない親とコーダとまわりの人々のあいだにはどのような関係ができていくのか、この章ではそれを見ていきたいと思う。

# 小学生のコーダがいるお母さんの話

まずは、コーダを育てている親の立場からの視点ということで、二人のお母さんのお話を中心に紹介しよう。

## Xさんの話

最初に参照するのは、Xさんの手記からの抜粋だ。

Xさんは、ずっと地域の学校に通って教育を受けてきて、大学に入って後、聞こえない学生同士の交流のなかで手話を学んだ。聴者のご主人とのあいだに、聞こえる息子さんと聞こえないお嬢さんがいる。Xさんは、ご主人と聞こえる息子さんに対しては声で話す。息子さんは、Xさんに対しては指文字を使い、ときおり少し手話がつくという。指文字というのは、「あ」から「ん」までの五十音を指で表す方法である。

実際に会ったXさんは本当に活動的でユーモアにあふれた方だったが、聞こえる息子さんのことに関しては、どうすればいいのか悩むことも多いようだった。

この手記は、Xさんが私と会う一年前に書かれたもので、「もしよかったら読んでください」と見せてくださったものだ。この本に掲載するにあたって、〝小見出し〟だけ付けさせていただいた。

〈夫と息子は聴者〉

私は聴覚障害者です。両耳一一〇デシベルぐらいで、裸耳だと頭の真上を飛行機が通ったときに聞こえるという程度です。私の家族は、主人と小学五年の息子と幼稚部年長の娘の四人家族です。主人と息子は聞こえます。そして、私と娘はろう者です。まわりからとてもバランスのいい家族だと言われています（笑）。

子育てですが、聞こえる子どもと、聞こえない子どもの育て方は違います。聞こえない娘とは、手話でコミュニケーションをとります。聞こえる親が聞こえる子どもを育てるときと同じように、らくらくと楽しく育てています。ところが、私とまったく異なるコミュニケーション方法を持つ息子の子育ては、振り返ってみても、本当に大変でした。

〈泣き声がわからない〉

最初に、息子が生まれたとき、まず困ったことは、息子の泣き声がわからないということです。息子は、泣いては吐き、泣いてはうんち、泣いてはおしっこ、泣いてはミルク、しまいには何もないのに泣いてばかりという、たいへん手のかかる赤ちゃんでした。

泣き声を拾ってぴかぴかと光に変えて知らせてくれる、いわゆる「お知らせランプ」というのがありますが、これが便利かといえばそうでもありません。他の音も拾ってぴかぴか光るので、息子が泣いていないのに、ぴかぴか光るたびに息子の顔を見に行く、これが一日五〇回以上……。数日で疲れて、ぶちっとコンセントを抜いてしまいました。頼りは補聴器だけ。でも、この補聴器も息子の泣き声や笑い声は同じ音として入ってくるので、声がするたびに顔を見に行くことの繰り返し。毎日がぴりぴりの状態でした。

〈音声の言葉をどう教えるか〉

次に困ったことは、聞こえる息子にどうやって言葉を教えるかということでした。誰かに相談したくても、私の友人も職場の人も独身者がほとんどで、相談相手は電車で一時間のところにいる実家の母だけ。仕方なくたくさんの育児書を山のように買い、読みあさりました。

でも、私が知りたい答えがどこにも載っていません。聞こえない親の子育て本なんて、どこにも売っていないのです。それで、仕方なくテレビを一日中つけっぱなしにして、見せていました。テレビからいろんな情報が入ってくるだろうという、ささやかな希望でした。たまに新聞に「子どもに長時間テレビを見せるのはよくない」という記事が載るとドキッとしました。

〈公園デビューの壁〉

このままではいけない、子育てママの友達をつくろうと思い、目の前にある公園に行きました。そのころ流行っていたのが「公園デビュー」です。

公園に行ってしばらくすると、お母さんが寄ってきました。何か話しかけてきました。印象よさそうな人だったので、思い切って「あのね、私耳が聞こえないの。でも、口を大きく開けてゆっくり話してくれたらわかるからよろしくね」と話した途端、顔ががらりと変わり、失礼しました〜と、そそくさと去ってしまいました。それで、私の公園デビューは失敗しました。さすがに再挑戦するエネルギーはなくて、閉じこもってしまいノイローゼになりかけました。

〈保育所へ通うようになる〉

息子が八か月になったころ、育児休暇が終わり保育所へ預け、ほっとしたところで職場に復帰しました。それまではずっと一緒にいたので、顔の表情やしぐさで言いたいことをつかめていたのに、保育所で刺激を受け、どんどん言葉を覚えてきました。二歳になると機関銃のようにベラベラ……。そこから私たちの地獄がはじまりました。

アイスクリームが食べたいというレベルなら、なんとか理解はできました。私はいちおうしゃべれるので、想像しながら息子の「うん」「ちがう」というのを見ながら判断できましたが、細かい話になると、息子の口だけではもうわからなくなります。息子が泣き出すと、なおさら口の形がどんどん変になっていくのでますますわかりません。「何を言っているのかわからない」と言うと、息子は泣き叫んでパニックになります。私もつらくてぽろぽろ涙を流しました。こうなると、息子が泣きやむまで待つしかありませんでした。

それでも泣きやまないときは、実家の母に電話して、息子にしゃべらせました。それを聞いた母が内容を紙に書いてファックスしてくれるということも何度かありました。

〈母親なのに、わからないの?〉

そのことで、いちばんつらかったことがありました。奈良の友達の家へ遊びに行ったときのことです。待ちあわせ場所に遅れそうになり、急いでいた私は、ベビーカーに乗っている息子が何か訴えてきたのに焦っていたので無視して走っていました。すると、後からおばちゃんが追いかけてきて、肩をトントン。振り返ると、息子の靴を持っていました。それで、息子の靴が脱げてそれを息子が気づいて訴えていたのだと気づきました。

「すみません、ありがとうございます」と受け取ると、そのおばちゃんが「あなた、母親なのに息子の言っていることがわからないの?」の一言。思いっきりグサッときましたね。泣きそうになったのをこらえて、待ちあわせ場所へ向かったのを今でもはっきり思い出します。

### 〈言いたいことを表すための、息子の工夫〉

でも、子どもは成長するものです。私が聞こえないことを受けとめています。

息子が三歳のとき、ある日「探して」と言ってきました。「えっ、何を?」と聞いてもわかりません。時間をかけてやっと小さな人形を探していることがわかりました。しかし何の人形かどうしてもわからないのです。途方にくれていたとき、息子がすくっと立ち上がりました。台所へ行き、なにかごそごそ探しています。なにかな? と様子を見ていると、お弁当箱を持ってきて、「はい、これ」と指差すのです。仮面ライダー「アギト」の絵です。それでようやく仮面ライダーのアギトの人形を探しているとわかったのです。ほんとうに感動しました。子どもは子どもなりに自分の言いたいことをどうやったら伝わるかを工夫できるのです。本当にすごいですね。

### 〈近所での息子の通訳〉

息子はおしゃべりが大好きです。知らない人にでも話しかけます。だから、近所では私よりも息子のほうが顔なじみ。あるとき、豆腐屋さんに行きました。私は「絹ごし一丁ください」と言ったのですが、これは発音が難しい。聞き取れなかったおばちゃんが聞き返すと、自転車の後に座っていた三歳の息子が「おばちゃん、ママね、『絹ごし一丁』と言ったんだよ」と通訳してくれました。

こんなこともありました。商店街で初めて入った薬局。息子の紙おむつを探しているときに、息子はレジに行っておじちゃんと話しています。またかと気にせずおむつをとってレジに行くと、おじちゃん、「すまないね」と一言。わけを聞くと、「息子さんがね、ママは耳が聞こえないから手話が必要やねん。手話で話してやってと言われたけど、私、手話を知らないのでね」と……。絶句しました。

〈小学校に入る前後のコミュニケーション〉

息子とのコミュニケーションがだいぶ楽になったのは、小学校に入る前。ひらがなを覚えてきて、あいうえおの本を持ってきて、指差し。小学校に入ってからは、わからないときは筆談。三年生になってから学校で指文字を覚え、ほとんど指文字。今では指文字を中心に、知っている手話や身振りを交えて話をするようになり、だいぶ余裕が出てきました。

〈ママはなぜ耳が聞こえないの?〉

息子が小学一年生になり、あっちこっちの友達の家へ遊びに行くようになったときのこと。息子が「ママはなぜ耳が聞こえないの?」と初めて聞いてきました。よそのおうちと違うということに気づいたのでしょう。そして、友達がママと何の苦労もなくコミュニケーションをとっていることを知り、うらやましく思ったのでしょう。

「ママは生まれた時から耳が聞こえなかったの。どうしてかはわからないの」と話すと、「ふうん。でもママは聞こえるほうがよかったなあ」とぽつり。

「そう……」としか答えようがありませんでした。

〈私は息子の重荷になっている?〉

息子の友達が八人、家に遊びに来ることになりました。みんな初めて我が家に来るので、学校の正門で待ち合わせをしました。息子は友達と楽しそうにふざけ合いながら歩いていき、私はその後ろを自転車でこいでいました。突然、息子が私を見ながら走ってきます。

「どうした?」と聞くと「後ろに車!」と。

「ママは道の端っこを走っているから大丈夫やで。それでも気になるの?」と聞くと、「うん、心配や!」と。そのとき「私は息子の重荷になっている?」と、ふと感じたのでした。

〈早い反抗期〉

小学三年生から早くも反抗期に入り、とても大変でした。それに友達との関わりが増え、そのぶんママさんとの関わり方も悩みのひとつでした。

〈しっかりしている息子〉

ろうの親に育てられた聞こえる子どもに共通していることがあります。常識に敏感なところです。たとえば去年の夏休み、(聞こえない)娘の発音教室へ息子も連れていったときのこと。息子の携帯にパパから電話がかかってきました。息子は携帯を持って、発音の先生に「電話がかかってきたので失礼します」と一言いい、廊下に出たのです。びっくりしました。先生に褒められて嬉しかったのですが…。

ただ一学期ショックだったことがひとつ。息子の個人面談のときに、担任からこう言われました。「四月から息子さんを見ていて、思うことがあります。息子さんは三つのしんどさを背負っていますね。一つ目は、お母さんの耳が聞こえないということ。二つ目は、妹が聞こえないということ。三つ目は、そのため精神年齢が同年代よりはるかに高く、幼い同級生に合わせるしんどさです」

さすがに落ち込みました。私が聞こえないことで、この子は早く大人にならざるをえなかったのだろうか、と。

でも、外ではしっかりしていても、家に帰ると、すごい甘えんぼう。身長も一五〇センチ以上、靴のサイズも二五センチの息子は、寝ている私の上にどっしりと乗っかってきます。重いなあと言うと「へへへ」と笑っています。そんな息子を見て、産んでよかったなあと思います。

## 〈親が情報を得られる場所〉

いろいろ書きましたが、子育ては、人によってさまざまです。聞こえる人の家でも、家庭が一〇あれば一〇通りの子育てがあると言われますが、ろう者も同じです。

大事なことは、聞こえない親にとって情報を得られる場所があるかどうかです。私がほっとしたのは、地域のろう者の集まりに入り、たくさんの子育てのベテランに会えたこと、そして手話サークルで同年代のお母さんに出会い、生きた情報を得られたこと。

この二つは、私にとって大切な場所になりました。そして今は、聞こえない親のための子育て班をつくり、バザーをしたりキャンプをしたりして、情報交換をしています。よかったら、みなさんも遊びにきてください。

Xさんは、聞こえない娘さんを育てるにあたっては、母親として一緒にろう学校や発音訓練に通うなど、一般の子育てよりもしなければならない作業が多い。聞こえない子に対するろう教育では、母親も、聞こえない子の学校での教育につきそい、家庭でも言葉の訓練をすることを求める風潮が強くあるからだ。

それでもXさんは、聞こえない娘さんを育てるのは「らくらく」と表現する。自分の経験と持っている情報と人間関係を、そのまま娘さんの教育の参考にすることができ、聞こえない者同士でコミュニケーションも気を使わないという。

一方、聞こえる息子さんについては、Xさんは娘さんに対してよりも気を使っているという意識を持っている。「たしかに娘のことでは、ろう学校に行ったり発音の勉強に行ったりするのに時間を使っているけど、家では息子のことばかり考えてる」。

しかし、息子さんのほうでは、「お母さんは（聞こえない）妹のことばかり一生懸命」と感じているらしい。そして、小学三年生ぐらいで、もうXさんに相談することなく物事を決めていくようなことが出てきたそうだ。Xさんはこうした経験から、聞こえない親が聞こえる子を育てるのは聞こえない子を育てるよりも大変、と感じている。

それでも、時期によって違いもある。いちばん最近のメールでXさんは、息子さんは中学生になって少し落ち着き、以前より話をしてくれるようになったと書いていた。息子さんが、前もって「こうしようと思ってるけど」と話してくれることもある、とXさんは嬉しそうだ。

「初めて学ランを着たときの息子は、男前でした。親バカですみません」

Xさんのメールには、ハートマークがキラリと光っていた。

## Yさんの話

次に、Yさんの話を見てみたい。

Yさんは、ご主人がろう、二人の子どもが聞こえるコーダという4人家族である。Yさんは、小学校二年までろう学校、小学校三年から一般の学校に通い、短大を卒業した。Yさんのご主人は、高校までろう学校に通い、その後、大学と大学院の修士課程を卒業している。お話をうかがった当時、Yさんのお宅では、息子さんが九歳、お嬢さんが三歳で、Yさんは最初の子どもである息子さんの話を中心に話してくれた。

なお、Yさんの語りは手話でなされたため、紹介するにあたっては、Yさんの語りを日本語に翻訳した記録を使っている。

〈息子が赤ちゃん〜幼稚園のとき〉

息子は生後三か月のときに私の肩をたたいて呼ぶようになった。普通赤ちゃんは泣いて呼ぶけれど、息子は、添い寝をしていると、先にトントンとたたいて、親が見ると泣きはじめるようになった。幼稚園くらいになって癇癪《かんしゃく》を起こしたときも、私が見ているかどうかを確かめてから怒りはじめるということがあった。

耳の聞こえる友人と私と息子で歩いていたときのこと。息子は後からついてきていたのだが、途中で立ち止まってしまった。気配を感じて振り返ったら、息子は、私と目がしっかり合ったのを確認してから怒りはじめた。「自分を見ていなければ、お母さんに怒っても意味がない」ってわかっているから、目が合ってから怒りはじめる。それを見ていた聴者の友達は、びっくり。そんな怒り方があるんだって驚いていた。私も初めて知った。

### 〈聞こえる子を手話で育てることについて〉

どうして聞こえる子なのに手話で育てるのかについて。子育てをするときに、第一言語は手話でいこうと夫婦で話をした。家のなかは手話で話そう。自然に話ができるように。

でも、最初は不安があった。手話で話すという方針は決めても、実際に赤ちゃんにどうやって話せばいいのかわからなかった。私は手話の単語に声をつけて、夫は手話の単語や短い手話文で話しかけていた。でも息子の反応はあまりなくて、「通じているのかなぁ」と思っていた。

息子が一歳四か月のとき、たまたまフィンランドのろう者が一週間くらい家に泊まりにきた。そのろう者は、息子に、手話で物の形や動きを表して話しかけた。ドナルドダックを指差して、「ドナルドダック」とクチバシの手話。そうしたら、すぐに息子はドナルドダックを指差し、クチバシの手話を真似して返した。飛行場に行ったときも、「飛行機」と話しかけられると、すぐその「飛行機」の手話を真似して返した。息子がすぐに反応を返しているのを見て、これなら手話で育てられると自信を持った。

息子が私たちの手話に反応せず、フィンランドのろう者の手話に反応したのは、その人が子どもとのコミュニケーションに慣れていたからというのもあると思う。目線を子どもの目線まで下げてしっかり目を合わせ、指差しをうまく使いながら、めりはりのきいた手話で話しかけていた。私や夫は、最初の子どもだったから、一歳の子への話し方がわからなかった。そのフィンランドのろう者のおかげで、やり方がわかった。

〈音声日本語について〉

音声日本語に関しては、上の子のときには手話サークルや子育てサークルに行って、聞こえる友達を増やした。下の子のときには、子育てサークルに行く必要がない感じだった。お兄ちゃんがいるので、自然と日本語も身についていく。家のなかで手話を使っても、日本語が身につかないってことはないなぁと思って、今は安心して手話で育てている。

〈息子が手話と声を使い分けている様子〉

週に一回は、夫方の聞こえるおじいちゃん、おばあちゃんと一緒に食事をしている。おじいちゃん、おばあちゃんに対しては、息子は声で話す。でも、夫の妹はろうなので、おばさんに対しては手話で語りかける。おじいちゃん、おばあちゃんに対しても、「今、おばちゃんがね、こういうこと言ってたんだよ」ということを、一歳で言えるようになっていた。おじいちゃん、おばあちゃんは声、おばさんは手話、とちゃんと使い分けている。

〈息子にとっての手話〉

息子は寝ているときに手話で夢を見ているらしい。息子が幼稚園のときに、たまたま私の友達で言語に詳しい人に「寝言はどっち?」と訊かれ、「手話での寝言が多い」って言うと、「やっぱり」と言われた。息子は自然に手話が身についていて、寝言にも手話が出てくる。起きたばかりのときには、寝起きの曖昧な手話。本当に手話が自然に獲得されているんだと感じた。

〈小学生になってから〉

いま、息子は小学校三年。最近は自分から通訳をすることが増えてきた。幼稚園時代には、息子が自分から通訳をするということはなかった。幼稚園や学校の行事で通訳者がいないとき、私たち夫婦には内容がわからない。ただ見ているという状態。でも最近は、息子が自分のわかる範囲で伝えてくれるようになった。ありがたいと思う一方で、息子にとって負担になるのではないかと心配している。

たとえば学校の運動会で、夫と息子が競技に出るときに、競技の説明があった。息子は、友達に「どいてどいて」と言って、夫に見えやすい位置に立って、先生の話を通訳しはじめた。息子の友達は、自然に、「あ、お父さん聞こえないからそうなんだ」と思ってくれて、それはすごくよかったと思う。

しかし、息子が手話ができるのがいいのか悪いのかということも考える。

小学校に入ってから、たとえば病院で小児科にかかったときに、お医者さんは、息子が手話ができるということで、書いてくれる量がすごく減ってしまった。

「いま言っていることをお母さんに伝えて」と。

息子は病気で、熱もあって大変なのに、一生懸命通訳しようとする。やはり、お医者さんに「書いてください」と言うようにお願いしている。お医者さんにとっては、通訳をしてもらうほうが楽なのかもしれないけれど、前と同じように書いてほしい。

**〈いちご狩りに行った農園のおじさんが息子に通訳を頼んだ経験〉**

友達の家族と一緒にいちご狩りに行ったときのこと。他のコーダの子もいたのだけれど、その子は手話で育っていなくて、手話はあまりできなかった。農園のおじさんが息子に通訳を頼んだらしい。説明のときに、息子はしぶしぶ通訳していた。頼まれたからしょうがないという感じだった。もし、おじさんが息子に頼んだのを見ていれば、私が断ることもできたんだけど、そうはできなかった。かわいそうなことをしたと思った。

### 〈コーダがまわりの人から通訳者のように扱われることについて〉

うちの息子のように、子どもが通訳者のように扱われているということはすごくある。

私たち夫婦は、息子に通訳をしてほしいと思ってはいない。息子に言語として手話を獲得してほしいとは思っているけれども、通訳者に育てたいとは思っていない。私たちが息子に通訳を頼むこともほとんどない。

でも、病院の看護師さんやお医者さんなどが、息子に通訳を求めるということはすごくある。息子がいても、お医者さんに紙で書いてもらうように頼んでいる。

### 〈音読の練習について〉

小学校では、国語の授業で音読の宿題がある。そういうときには、聞こえるおじいちゃん、おばあちゃんに電話して、読み方の練習を聞いてもらうようにしている。

私は口の形はわかるけど、発音やイントネーションまではわからない。だから、おじいちゃん、おばあちゃんに息子の話を聞いてもらうようにしている。夫方のおじいちゃん、おばあちゃんの家が近いので、そこに行って、音読の練習をしたりすることもある。本の内容を手話で話してもらってから、音読をさせたりすることもある。でも、その音読の様子の確認は、おじいちゃん、おばあちゃんに手伝ってもらっている。

## 〈二つの文化のあいだで戸惑う息子〉

「コーダの壁」というのがあると思う。コーダは、聞こえる人の文化と、聞こえない人の文化の、両方を身に付けなくてはいけない。

たとえば、聞こえる人は、「誰々さん」「誰々ちゃん」と呼ぶけれども、聞こえない人は、手を振ったり、肩をトントンとしたりして呼ぶ。息子は、そういうろう者のやり方で友達を呼んでいた。だから、「誰々君がたたいた」と喧嘩になったりした。そういうことがあってから、「聞こえる人に対しては、肩をたたくのではなくて、名前で呼ぶんだよ、文化が違うからね」って教えた。

また、声で呼ぶときの呼び方の違いもある。普通、聞こえる人には、「○○さん」と呼ばれる。でも、手話だと「○○」というだけで、「さん」の口型はつかない。「さん」というのを使わない。息子は幼稚園や学校で「さん」とか「くん」とかつけなかったので、先生に注意されてしまうこともあった。今では少なくなった。

また、手話の言葉と日本語の言葉のずれもある。

たとえば、息子の友達が何かを探していて、息子に「～知らない？」と訊くとき。手話の「知らない」は、助けてあげるつもりはあるけれども、情報として知らないために、「知らない」という意味で使うことができる。でも、手話での「知らない」という感覚で、声で「知らない」と言ってしまうと、冷たい感じに思われてしまう。

帰ってきて、その話を息子から聞き、そういうときは「なくしたの？　じゃあ、一緒に探そう」って言い方をするように教えた。「日本語の〝知らない〟のなかには、そういう意味がないんだよ」というように教えた。

でも、私も聞こえる人の文化についてすべて知っているわけではないので、子どものフォローをしようと思っても、難しい面もある。声の調整は難しい。娘はどこでも大きな声を出してしまう。私は聞こえないので、娘が大きな声を出したときに、「シーッ」って言えない。まわりの反応を見て、注意をするという状況。友達には、「私よりも早く気づいたことがあったら、言ってね」と言っている。娘は、声のボリュームが大きいみたい。

家のなかでは声を出すということがあんまりなくて、手話で会話をする。外では音があるから、逆に解放されたという感じで、声を大きく出してしまうことがあるみたい。

## 聞こえない親のネットワーク

以上がYさんの話の抜粋である。私が今までろう者やコーダの話を聞いてきた範囲でいえば、Yさんは、手話は言語であるという認識を持ち、手話と日本語のバイリンガル教育に高い関心を持っているタイプのお母さんである。コーダが二つの言語と二つの文化にふれて育つことを意識しながら、子どもに負担がかからないような子育てをしたいと望んでいる。

Xさんも Yさんも、小学生のコーダを育てている聞こえないお母さんという点では同じかもしれないが、家族の構成、コミュニケーション方法、自分の育った体験、子どもの年齢、子育てのあり方、気になる点などがそれぞれに違っている。

しかし、Xさんが手記のなかで綴っていたように、XさんもYさんも、聞こえない親同士の情報交換をとても大切に思っている。聞こえない親が聞こえる子どもを育てるときのノウハウは、世の中に出回っている育児本には書かれていない。もちろん、聞こえない親同士なら必ずしも問題を共有できるというわけではなく、環境も、子どもを手話で育てるか声で育てるかなどの育児方針も、各家庭によって異なっている。それでもXさんやYさんは、聞こえない親の子育てについての話からは、何かしら、自分の子育ての参考になる生きた情報を得られるという期待を持っている。

聞こえない親同士のこうした子育て情報の交換は、かつては地域のろう者協会のつながりのなかでおこなわれていた。しかし、ろう者の世界でも晩婚化・非婚化は進み、若い世代では聴覚障害者の団体組織に属さない人も増えてきて、近年では、聞こえないお母さんが中心となって子育てネットワークを立ち上げる動きが出てきている。

たとえば、一九九五年から二〇〇二年にかけて活動したデフ・マザーズ・クラブ（DMC）では、聞こえないお母さんたちが定期的に会報を発行し、夏のキャンプや冬のクリスマス会などの子ども向けイベントを企画した。会報で取り上げられたトピックのなかには、保育園に通うコーダの子が「ママ、保育園に来ないで」と言った実例にもとづく相談などもあり、それに対して、聞こえないという立場を共有する読者から活発な投稿が寄せられた。

デフ・マザーズ・クラブは、二〇〇二年には全国で一〇〇人近くの会員が登録するようになったが、組織が大きくなりすぎたために、逆に、小さな子どもを連れた母親同士が日常的に会うような企画が立てにくくなってしまい、解散して、それぞれの地域で「デフ・ママの会」をつくる方向へと向かった。

さらに最近では、インターネットの普及を受けて、聞こえないお母さんやコーダがミクシィやブログなどで情報交換をし、オフ会を開いて直接会うといった機会も設けられるようになってきている。「手話で子育ての会」など、より言語の問題を意識した会もつくられ、絵本を手話でどう読み聞かせるかといったワークショップも開かれている。

## 「大変」「苦労」と読み替えられずに相談できる

さまざまな子育てネットワークがつくられるのは、聞こえない親に限った話ではないし、こうしたネットワークが親の育児不安や育児ストレスの解消に役立っているのも、社会でよく言われていることである。

でも、聞こえないお母さんの場合には、やはり、家庭でのコミュニケーション方法をどうするか、親が聞こえないことを子どもや子どもの保育園・学校の先生にどう理解してもらうかといった、聞こえないお母さんならではの悩みもある。また、聞こえない親は、子育ての現場では圧倒的に少数派になってしまい、その子育て能力を心配されてしまうこともある。

そのようななかで、同じような立場を共有する親同士で話し合うことは、自分だけではないという安心感や仲間意識をもたらしている。また、他に相談すれば、「大変」とか「苦労」と読み替えられかねない相談も、そこでは気がねせずに訊くことができる。

同じように子育てをしている聞こえない親同士が情報交換や交流をしていくことは、結果的に、コーダが育っていく環境をも豊かにしていると思う。

## コーダが通訳するということ

さて、今度は、こうした親のもとで育つコーダたちが何をしているかに注目したい。

Yさんの話にもあったように、コーダは一歳ぐらいになると、聞こえない人と聞こえる人に対するコミュニケーションを使い分け、さらに、聞こえない親と聞こえる人をつなぐようになっていく。そのつなぎ方は、聞こえない親に聞こえる人のやり方を説明することだったり、家に連れてくる自分の友達に「うちの親に挨拶するときはこうすればいいんだよ」と教えることだったり、さまざまである。なかでも通訳は、聞こえるコーダがすることの多い仲介作業である。

### 言い直しから仕事の説明まで

通訳といっても、コーダのする通訳は、手話を音声に、音声を手話に置き換えるとは限らない。たとえばXさんの話では、Xさんが買い物で「絹ごし一丁」と言ったのを息子が言い直して通訳してくれたというエピソードが出てきた。このようにコーダの通訳には、親の声を聞いてそれを言い直すとか、まわりの人が言った言葉を親が読みやすいように口を大きく動かして繰り返すとか、親のわかりやすい言葉に置き換えるというのも含まれる。後で見る電話通訳のように、親の代わりに電話をかけるという通訳もあるし、音声日本語の単語の音を指文字で表すという通訳もある。

とにかく、まわりの人の言う内容が親に伝わって、親の言いたいことがまわりの人に伝わればいいので、プロの技術が求められる職業的通訳と違って、家庭での通訳はかなり大らかだ。

コーダは、親と一緒に買い物に行ったときの店員さんとのやりとり、出前や外食のときの注文、新聞の集金や宅急便の応対、祖父母や親戚との電話での連絡、お正月やお盆などで親戚が集まったときの通訳、近所の人との会話の通訳、テレビの通訳、電話の通訳、きょうだい間の会話の内容を親に伝えることなどをおこなっている。

また、家庭訪問や三者面談などの学校行事のときにも、コーダが通訳することがあるようだ。さらに、病院、役所、銀行などで通訳したり、親の仕事関連の通訳や、親の関わっているろう者団体の通訳をしたりするコーダもいる。

## 三歳児に「口座番号」はムリ

ただ、ニュース、金融、制度、葬儀、不動産、クレームに関する通訳などは、子どものコーダにとっては負担の大きすぎる通訳になってしまっている。年齢の幼いコーダがニュースの内容を解説したり銀行や役所のシステムを理解したりするのは難しく、通訳できないこともある。

しかも、子どものコーダには、それが聞こえる大人にとっても難しい内容であるといった判別はつかず、「自分にはわからない」という思いを強めたり、親の期待にこたえられないということを意識したりしてしまう。

コーダの中村恵以子さんは、エッセイのなかで、次のように書いている。

私は三歳くらいのときから、親と一緒に銀行とかに連れていかされて、通訳をやっていたんです。親からは聞こえるんだから、と思われ、銀行員からはろう者の子どもなんだからもちろん手話ができるだろうと思われるんです。たとえば「口座番号」などという言葉の意味なんか、三歳の子どもにわかるわけがありません。その板挟みで、ますます嫌になりました。

[中村 1996:379–380]

このケースでは、中村さんは聞こえない親と聞こえる銀行員の両方の思い込みに挟まれてしまっている。中村さんの親のように、年配のろうの親のなかには、「聞こえる人は何でもできる」という幻想を持っている人がけっこういる。こうした場合には、親は、聞こえるコーダは幼くても聞こえる大人と普通に会話ができるものと思ってしまっている。

一方で、聞こえる銀行員のほうも、聞こえない人相手にサービスを説明しようとする意識が先立って、子どもの通訳ではその内容を理解したりそれに対応する手話を見つけたりするのが難しいということまで思い至らない。

大人と子どもでは理解する力や必要な情報を引き出せる力が違うということは、聞こえる人同士や聞こえない人同士では容易に想像できることなのに、こうした大人と子どもの違いは、この場合には、聞こえる／聞こえないの違いの陰に隠れて、見えにくくなってしまう。そして、聞こえない親も聞こえる大人も、コーダの手話の力や理解力を過剰評価してしまう傾向がある。

## 「聞こえる大人」の無頓着さ

もちろん、コーダが通訳することは、すべてがマイナスであるわけではない。通訳内容がその年齢の子どもに合うように配慮されていて、コーダ自身も「うまくできた」と達成感を持てる通訳ならば、通訳の体験は、コーダの日本語や手話の力を伸ばすことにもつながる。それに、コーダ家庭において、通訳は家族のコミュニケーションの大事な部分になっている。通訳や仲介は、コーダが親のことを知り、親に関わることのできる機会でもあるからだ。

今日では、社会のなかで手話通訳者が増えてきたという背景もあり、聞こえない親が「聞こえる子は何でもできる」と思うことは、以前に比べて減ってきている。若い親のなかには、子どものコーダが通訳できるような内容の通訳だけ頼む、という人もいる。たとえば、お店でスパゲッティを注文するような通訳と、病院で子宮筋腫の説明を受けるときの通訳では、言葉の難しさが違う。そのことが、聞こえない親にも理解されるようになってきた。

しかし、子どもに負担をかけまいとする親が増えてきているのと対照的に、聞こえる大人のほうの思い込みは、依然として強く残っている。聞こえない親を持つ聞こえる子どもなら、手話ができて通訳してくれるだろう、という期待は大きい。コーダが通訳や仲介をすることを期待するまわりの圧力は、やはり根強く存在している。

まわりの聞こえる大人は、コーダに通訳を期待するにあたっては、「伝えることの困難を誰が引き受けているのか」という視点を持つことが大切である。通訳がいれば、話し手は安心して自分の普段の話し方で話し、それが相手にも伝わったと信じることができる。でも、通訳をする子どものほうは、「これで内容が伝わったのだろうか」と、その不安を引き受けざるを得なくなる。

聞こえない親は、みずからも、コミュニケーションの伝わらなさや通訳の限界を日頃から経験している。しかし聞こえる大人は、伝えることや伝わることについて考える機会がそもそも少ない。だから、コーダに通訳を期待するまわりの聴者の態度は、伝えることの責任を子どもに転嫁しているところもあるのだということを、よくよく肝に銘じておきたいと思う。

# 電話通訳

実際の生活のなかでは、個々のコーダがどんなときにどういう通訳をどれほどするかは、コーダの年齢やきょうだい構成や家族の性格など、それぞれの家庭の状況によって変わる。また、手話通訳派遣制度の普及やコーダ家庭で使われる通信技術の進展など、時代によって変わってくるところもある。

ここでは、家庭という場でコーダがおこなう通訳のあり方を示す一つの象徴的な例として、電話通訳に関わる話を取り上げたい。

ろう者の家庭では、かつては、家に電話がないということもめずらしくなかった。必要なときには隣や近所の人に電話をお願いしていたというケースはよく聞くし、私の知っているコーダのなかでも、公衆電話で通訳した経験を持っている人が複数いる。あるコーダ女性は、三〜四歳のころから十円玉をいっぱい持ってお父さんと公衆電話に行き、お父さんが彼女の耳元に受話器を支えるように持って、彼女が電話口でしゃべったという話をしてくれた。

オーストラリアでつくられたコーダのドキュメンタリー映画『国のないパスポート Passport without a Country』でも、電話通訳についての話が登場する。

**ピーター**　うちに電話がついたのは、僕がたぶん17歳ぐらいの時だった。それまでは、僕が学校から帰ってくると、お母さんは僕にかけてほしい電話のリストと、5セント硬貨や6ペンス硬貨などの小銭をたくさん用意して待っていた。僕は自転車に乗って電話ボックスまで行き、その電話を全部かける。そしてもちろん、その答えを全部覚えて帰らなくちゃいけなかった。

**ジュディ** もし訊くのを忘れて情報を持ち帰らなかった時には、いろいろ言われなかった？

**ピーター** 言われた。

**ジュディ** 「どうして、これと、これと、これについて訊かなかったの？」って。

**ピーター** それは、うちに電話がついた後も同じだったような気がする。家に帰ると、同じようなリストがあって、電話をかけた。電話を切ってから、母さんがまだ訊きたいことがあったんだって気づくんだ。「なんで切っちゃったの？　もうちょっと待ってほしかったのに。まだ終わってなかったのよ」って。

［Davie 1992］

### 電話通訳にはテクニックが必要

おもしろいのは、親が訊きたいことを訊きそびれてしまうのは、一人で公衆電話に行っていたときだけでなく、家のなかに電話がついて親が近くにいてくれる場合でも同じだったとピーターが強調している点だ。

実際、コーダがおこなう電話の通訳は、公衆電話の場合はもちろん、自宅の電話であっても、逐次通訳というよりは、親の代わりに電話をかけるといったタイプのものになる。つまり、親が訊きたいことや話したい内容を事前に聞いてから、代わりに電話をかけ、相手の言ったことを覚えてそれをまとめて伝える形になりやすい。しかし、親や電話の相手が、電話の内容を受けてさらに訊きたいことが出てきた場合、それをリアルタイムで双方向に通訳するのは難しい。

私もつい最近、ろう者に代わって電話をする機会があったが、大人の私ですら、電話を双方向で通訳するのは非常にしんどかった。たとえろう者が電話のすぐ横にいてくれる場合でも、ろう者と手話や口《こう》話《わ》で話をしながら電話機の向こうに声で対応するとなると、両方のタイミングをなかなか合わせられない。

電話の相手の聴者は、電話の近くでろう者が手話で話している姿が見えないので、こちらが相手の言うことの意味を理解できずに「しーんとしている」ものと誤解して、さらに言葉を重ねる。そのため、「すみません、今、本人の○○さんと手話で話して確認していますので、ちょっと待っていただけますか?」と言う必要も出てくる。

訓練を積んだプロの通訳者は、こういう間合いをうまく調節する技術も持ち合わせているのかもしれないが、親子間や友人間で素人が通訳する場合には、やはりそうした通訳は難しい。ある程度電話通訳に慣れた年上のコーダなどは、親にその場で訊く代わりに、親が質問したいだろうと思うことを予測して自分で相手にいろいろ質問し、その答えを整理して親に伝えているようである。

## 旅行の申し込み、欠勤の連絡……

あるコーダは、親の代わりに旅行のツアーの申し込みをしたときのことを話してくれた。

このコーダは、そのときは高校生ぐらいで、自分自身もスキー旅行の申し込みをした経験があり、親に対して、十分に事前打ち合わせをしたという。たとえば、「パンフレットにはこの値段で出ているけれど、この時期だとさらに値段が高くなるって知ってるよね」とか、「オプションでカニ料理を入れる?」とか。やはり自分が旅行の申し込みをした経験があったから、前もってちゃんと打ち合わせをして、電話できたと言っていた。

コーダがする電話通訳のなかには、親の仕事関連の電話も入ってくる。たとえば、会社勤めのお父さんが欠勤するときに「〇〇〇〇の娘です。今日は、父は風邪のため、お休みさせていただきます」と電話を入れたり、自営業をしている親の元にかかってくる取引先の電話注文を受けたり。

こうした電話通訳は、ファックスの登場後、その一部はファックスに取って変わられるようになったが、私の友人のコーダは、お父さんが体調不良で欠勤するときなどは、やはり電話通訳だったと強調する。聞こえる人の世界では、ファックスは電話ほどすぐには対応してもらえない。親も緊急時は電話のほうが早いと知っているし、体の具合が悪いときに文章を書くのが嫌だというのもあって、やはり、コーダが電話するように頼まれた。

このコーダは、大人が会社勤めをしているところに子どもの声で電話をするのが嫌で、「アニキやってくれないかな」「ファックス送ってくれないかな」と思っていた。でも、コーダによっては、そういう電話を負担に感じず、お父さんの職場の人が「ご苦労様」とねぎらってくれるのが嬉しかったという人もいる。

### 親の代わりにクレームを聞く

ただ、子どものときの忘れられない電話通訳としてコーダがその内容まではっきり覚えているのは、ごく普通の電話というよりは、嫌な内容を聞かなければならなかったときであるようだ。

たとえば弟が喧嘩したときも、相手の親から電話がかかってきて、親に代わってほしいと言われて「親は聞こえないんです」と言ったら、「じゃあ、あなたでいいわ」とかなりの文句を言われた。親の代わりに嫌なことを聞かなくてはいけなかったし、それを親に伝えなければいけなかった。すると親は、「どういうふうに喧嘩になったの？」と私に訊いてくる。「そんなの知らない。わからない」としか言えなかった。

私はただ、言われたまま伝えただけ。大人だったら、相手に対して「どれぐらいの怪我なんですか？」って訊いたりして、ある程度情報をためて、それを親に言うんでしょうが、子どものときはそんなことできなかった。電話を切って、言われたまま伝えて、それから親に訊かれても、わからないとしか言いようがなかった。親も親で自分が話したいところまで話せないというストレスがあったと思うけれど、私も嫌だった。

大人になった現在から当時を思い出して語るDさんは、やはり、子どもの力では、相手に自分から質問して必要な情報を確認してから親に伝えるというところまではできなかったと感じている。

## 「リシ」って何……？

Gさんのケースは、ローン会社からの電話をコーダが電話口で受けたときの話である。

**G** 電話の通訳とか、やりましたね。いちばん困ったのが、ローン会社とかお金に関係する通訳。ちょっと支払いが遅れちゃったとか、そういうときに電話がかかってきて、利子がどうのとか。「利子って何？」子どもにはわからないじゃないですか。利子ってわからないんだけど、手話もわからないし、どう伝えていいかわからないし、どうしよう、どうしようって。口だけで「リシ」って言ってみたりとか、指文字で「リシ」ってやったりとか。とりあえず、お母さんが言ってることを伝えようと思って伝えて。で、向こうは、どう考えても声が若いから、「お子さんには言えないからお母さんに代わって」「お父さんに代わって」とか言うんだけど、代われなくて、「いや、耳が聞こえないから代われません」って言うと、「ちぇっ、なんだよ」みたいな。なんで私に言うの？みたいな。

**私** 子どもで受けとめなきゃいけないんだ。

**G** でも、逆にそれがあったから、同級生が知らないことまで知ってたというか、それはよかったかな、みたいな（笑）。それは小学生ごろ。中学生ぐらいのときは、意味がつかめてきたかな。利子はお金がアップするんだ、とか。そういうくらいには理解できるようになってきていたので。

## 電話口での孤独

Gさんは、大人になってから振り返ってみると、こうした通訳を通して「同級生が知らないことまで知ってた」のを「よかったかな」と捉えている。でもやはり、本来なら子どもはこうした事柄を聞かなくてもいいように守られているはずなのに、親に代わって大人の嫌な話を聞いてしまったという思いはある。

電話の場合には、かかってくる電話がどういう相手からなのか、いつも確認できるわけではない。また電話の場合には、相手は聞こえない親や子どものコーダの姿を見ていないため、コーダが子どもであることへの配慮をあまりしてくれない。

子どものコーダは、こうした電話に対してどう対応すればいいのかわからず、無力感を抱く。他の人に相談することもなかなかできない。親は、そばにいることはできても、それを肩代わりしてあげられるわけではない。

音声を使う電話は、コーダの家庭に入ってくる外部からのメッセージの象徴である。コーダはそれを家族のなかで最初に受ける。そして、電話をかける相手に対しては、親の言いたいことを子どもの語彙《い》と子どもの声で伝えることになる。コーダは電話口で、相手との会話を一人でどうにかしていくのである。

## 通訳ときょうだい関係

コーダが一人っ子の場合、あるいは、そのきょうだいが聞こえない子だけである場合には、その家で誰が通訳をするかについて、選択の余地はない。しかし、家にコーダが何人かいるような家庭では、状況が変わってくる。

通訳は、すべての子どものあいだで均等にはおこなわれない。基本は中心的な通訳となるコーダが一人いて、親も残りのきょうだいも、このコーダを頼りにするという形になることが多い。残りのきょうだいも、ちょっとした通訳はところどころでしているのだが、やはり通訳する量や内容はかなり違っている。

中心的な通訳となりやすいのは、年上のコーダ、または、長女にあたるコーダである。妹や弟は、お姉ちゃんやお兄ちゃんほど、親にわかりやすい説明の仕方を知っていなくて、複雑な話になると、お姉ちゃんやお兄ちゃんに通訳してもらって親と会話したり、そもそもそうした話を伝えることをあきらめてしまったりする。

もちろん、コーダの家庭もさまざまで、なかには親が子どもたちにまったく通訳をさせなかったという人もいる。また、コーダのきょうだいで同程度に通訳したケースや、上のきょうだいが就学や就職などで家にいなくなるにつれて下のきょうだいに役割が移っていったケースもある。

たとえば、私がインタビューしたIさんとJさんの姉弟の場合には、弟のJさんはある時期まで手話ができなかったが、姉のＩさんが仕事のためにほとんど家にいないようになり、必然的にＪさんがやらなくてはならなくなった。そうしたケースはあるけれど、私が今まで見聞きしたなかでやはり厳然としてあるのは、コーダのきょうだい間で、親とのコミュニケーション格差がかなり見られることである。

### 親は通訳者を見てしまう

こうした格差は、場合によっては、子どもと親との関係性や、コーダのきょうだい関係に影響を及ぼすところも出てきてしまう。たとえば、お姉ちゃんが家の中心的通訳となっていたＫさんは、次のように言っている。

お姉ちゃんがコミュニケーションを奪っているって意識は、子どものころからあった。お姉ちゃんが通訳すると、親はお姉ちゃんのことを見て、私のことを見てくれない。「私の話なのに」って思う。私が一生懸命言っても、その後お姉ちゃんが通訳して、そのほうが親の反応がよかったりすると、「私が言ったのは伝わってなかったんだ」って。

Ｋさんの場合、自分で親に伝えようとしてもうまく伝わらないと、お姉ちゃんが代わりにＫさんの言いたいことを通訳してくれることがよくあった。しかし、目と目を合わせるのが基本となる手話では、お姉ちゃんが通訳を始めると、親はＫさんではなくお姉ちゃんのほうを見てしまう。内容はＫさんの発言なのに、親がお姉ちゃんを見てうなずいたり相槌をうったりすることは、Ｋさんにとっては悔しいことだった。

しかも、同じ内容をKさんとお姉ちゃんが手話で伝えた場合、親はお姉ちゃんが話したときのほうが、大きくうなずいたり相槌を入れたり質問を多く入れたり、そうした「反応」をはっきり見せた。Kさんは、お姉ちゃんへの親の反応と自分への反応を比べ、自分に対しては、親は話が全部は理解できていない状態で曖昧に反応していたことを悟る。自分が「一生懸命」表した手話であっても、親に内容が十分に伝わっていなかったと知るのは、Kさんにとってはつらいことだった。

Kさんは、大人になった今、自分のろうの友人の子どものコーダ姉妹を見ていると、自分が子どものときと同じことが起きていると言っている。

「お姉ちゃんが妹の代わりに、背景まで説明している。もっと大きくなってからだったら、〝この部分は妹に言わせて〟っていう調整もできるんだろうけれど、子どものときには、全部お姉ちゃんの説明になっちゃう」

## コミュニケーション格差に傷つく

Kさんを含めたコーダの話は、子どもがそれぞれの立場で親とのコミュニケーションを望んでいるのだということを気づかせてくれる。親のほうは悪気はなくても、通訳を多く担う子とそうでない子のあいだでは、親の生活に関わる深さや親との心理的な近さが変わってきてしまいやすい。

Kさんの例とは逆に、通訳を多く担った子どもが、親は、通訳をあまりしなかったきょうだいのほうを甘やかし、面倒なことは全部自分に頼んでいたと感じているケースもある。

また、親や親の友人のろう者の態度が、結果としてコーダを傷つけているということもある。たとえば、ろう者のあいだでは、コーダが手話ができるかどうかというのは出てきやすい話題で、子どもの前で公然と、「お姉ちゃんは手話はできるけど、弟はできない」とか「妹は手話が表せない」などと話していることがある。しかし、子どものコーダは、たしかに自分では手話は十分に表せないけれど、自分が手話ができないと言われている、という程度の手話を読み取ることはできてしまう。

このように、手話の読み取りはできるけど自分から手話を表せないというのは、英語を聞いてわかるけど自分から話ができないというのと同様の、〝受け身のバイリンガル passive bilingualism〟の状態である。だから、その後、自分からも手話を使うバイリンガルになっていく可能性は十分にあるのだが、小さいときにこういう経験をすると、傷ついて「自分は手話ができない」という苦手意識を持つようになってしまう。

一般論としても、親が、きょうだい間のバランスを取りながらそれぞれの子どもとの固有の関係性をつくりあげるのは、かなり難しい課題である。聞こえない親の場合は特に、通訳という行為がきょうだい間にもたらすコミュニケーション格差に気を配ることは、大切であるように思う。コーダが家族のなかで通訳をするということは、話がわかる／わからないといった通訳の面だけでなく、子どもであるという立場や、それぞれの子と親との関わりなど、家族という関係性ならではの感情も入ってくるからである。

## まわりの人からのまなざし

今まで見てきたように、親が聞こえないことによってたしかにコーダが果たしている一定の役割というのはある。しかし、コーダたちのざっくばらんな語りからわかるのは、実は親が聞こえないということよりも、むしろ親が聞こえないことに対してまわりの人が否定的な見方をすることのほうが、コーダの負担になっているという点だ。つまり、特別視、同情、賞賛といった周囲の目や行動が、コーダにプレッシャーをかけているのである。

たとえば、アンケートに回答を寄せてくれたコーダ四〇人のうち三四人は、まわりの聞こえる大人から「大変ね」「かわいそう」「あなたががんばるのよ」と言われた経験があると答えている。そういう言葉を口にするのは、親戚や近所の人、学校の先生、親の友人、自分の友達やその親、手話学習者、街の人、ろう者など、実にさまざまである。

親戚や近所の人、学校の先生というのはコーダが通訳をする相手なのかもしれないが、その一方で、街の人や商店の人など、コーダと日常的な関わりが深いと思えない人々も、こうした言葉をかけている。さらには、ろう者ですら、こうした言葉を言うことがある。

### 何をがんばる？

コーダに向けてこうした言葉がこれほど頻繁に出されるのは、おそらくそれが、人々の善意にもとづいているためなのだろう。「障害を持つ親を手伝っている子ども」に対してこのような言葉をかけるのは、その苦労を推察し、努力を褒める良い行為とみなされているのだと思う。

しかし、こうした言葉をかけられるコーダのほうでは、それを自分の感覚とは合わないと感じていることが圧倒的に多い。

「不思議な気がした。ズレてるな、とよく違和感を覚えた。自分にとっては、親がろうである環境は〝普通〟のことで、特に大変だとかみじめだとか思っていなかったからだと思う」とか、「何が大変？何がかわいそう？　何をがんばるの？　と不思議だった」などなど。

コーダにとって親が聞こえないのは、生まれたときからのあたりまえの環境であり、コーダとしては普段の生活をしているだけという感覚のほうが強いようだ。

また、まわりから「大変」「かわいそう」などと言われて、「そうなんだーと思った」というように、それは、自分は人からはそう見えるらしいという外部の視点の発見として語られることもある。それから、「余計なお世話。両親がろうということに大変さはあまり感じていなかったけど、そういうふうに言われることに嫌悪感を抱いていた」「父や母が社会的に弱い立場の人間だと言われているようで、なんだか悲しかった」など、こうしたまなざしを向けられることに、反発や不快感、悲しみを覚える人も多かった。

そうした反発は、コーダとその親の生活を深く知らない状態で言われるときには、特に大きくなるようだった。コーダの側からしてみれば、親が聞こえないことはごくあたりまえのことであり、そのことで「大変」「かわいそう」といった同情を寄せられるのは、むしろ違和感や不快感のもととなっている。

それは、こうした言葉をいい意味で使っていると感じがちな一般の人々の見方と大きく異なる点である。

## 際限のない言葉たち

「あなたががんばるのよ」と言われることに関しては、言われたときの年齢や、それを言った相手と自分の家族の関わり方によっても、コーダの反応は変わってくるらしい。

たとえば、「幼いころは、『あなたがしっかりしなくちゃ』と言われたとき、頼られているようで、誇らしげに感じることもあった。ある程度成長すると、少しプレッシャーを感じた」というように、小さいころにはそれを聞いて素直にがんばろうと思ったという人もいる。

また、「ほとんどのコーダはイヤみたいだったが、私の場合励みになった」という人は、親戚がときには自分に「がんばりすぎや。そんながんばらんでいい」と声をかけてくれたり、いざというときには自分たちも一緒に責任を負担しようとする意思を見せたりしてくれることで、「この人は、私のしんどさをわかってくれているんだ」という思いを抱けたと書いていた。

こうした「がんばる」「しっかりする」「いい子でいる」といった言葉は、実はどこまで何をするのかを指すのが明確でない。そのため、その状況を具体的に共有しようとしている相手から言われるときには励ましになっても、そうでない相手から漠然と努力や責任を持つことを期待されるのは、ある程度成長したコーダにとっては、心地よくないものになってしまっている。

## 聞こえないせいにされたくない

多くの場合、世間の人々のまなざしは、コーダに警戒心を抱かせ、自分の家族や自分の状況をあまり話さないようにする方向に働く。コーダが子どものころはともかく、コーダがある程度成長して、世間の人が「〝ろうの人って大変〟って思ってる」のがわかるようになっていく思春期では、「ちょっとのミスでも、そう思われる要因になってしまうかもしれない」と思い、自分の家族の話も気軽に出せなくなってしまうという。

たとえばGさんは、自分が思わしくない状況にあると、それを親が聞こえないせいにされることを意識して、つらいときもできるだけそれを外に見せなくなったと語る。

やっぱり、聞こえないことを理由に、「(親が)聞こえないからあの子はこうなったんだ」とか言われるから、それを見せないように、見せないように、その、家族を守る、親を守る、という意味で。失敗したり、挫折したり、なんかそういうきっかけがあると、すべて親のせい……親のせいというか、聞こえないせいにされちゃうから。だから「私が強くならなきゃいけない」とか。言われて、自分で悶々としているのに、「笑顔でいればみんな何とも思わないから、だから笑顔でいればいい」とか。変に笑うことを覚えちゃったりとか。本当はここで笑いたくないのに笑っている自分がいたりとか。本当はつらいのに、「ううん、別に」という感じになっている自分がいたりとか。強がっている部分。なんか、素直なようで素直じゃないっていうのもあるかな。本当は素直になれたら可愛げも出るのに、とか思うんですけど(笑)。

## 大人じみた子ども

ここではGさんは、親が聞こえないからと言われないようにするために、自分が笑顔でいるように心がけたと打ち明けている。笑顔でいることは、まわりからの特別視を回避する効果的な方法であり、それは親や家族を守る行為でもあった。しかし、そうした行為を繰り返すことで、Gさんのなかでは強くなるべき自分を演じることが恒常化していき、その結果、素直になれないという思いを抱くようになっている。Hさんは、さらに、そうした責任は、コーダを「大人じみた子ども」にするのではないかとも語っている。

小さいときから通訳とかで大人の世界と関わっているので、普通それぐらいの年代の子が知らない言葉を知っていたりとか、その意味を知っていたりとか、その使い方とか言い回しを知っていたりするので。なので、考え方とかも、小さいころから通訳とかを……それがあたりまえで自分では重荷に思っていないのに、そういう責任があるから、「しっかりしなきゃ」とか「いい子にならなきゃ」とか。そこまですごく意識はしていないんだけれど、そういう感覚になっていって、なんていうんだろう、「大人じみた子ども」というコーダが多いのかなって見てて思う。

Gさんの発言と似たような事柄は、インタビューやアンケートのなかでも何度か聞かれた。もちろん、すべてのコーダに当てはまることではないけれど、普通の子どもより大人びていたかもしれないと感じているコーダが多いということは、事実として言えそうである。

## 「善意」が背伸びを強要する

誤解のないように言っておくが、コーダは子どもとして、親に守られている面も当然持っている。コーダが親に甘えることだって、普通の家庭と同じぐらいある。しかし、ある部分においてはコーダは、やはり、進路やさまざまな選択を親に頼らず自分で決断したり、自分で問題を解決しようとしたり、自分のいろいろな思いを自分のなかに留めたりすることもある。それは、他にサポートがない状態ではそうするよりほかに選択肢がないというためでもあるし、まわりからの過度な特別視が自分の家族のあら探しをされることにつながりかねないという危機意識を持っているためでもある。

おそらく、まわりの人々がコーダに対して向けるまなざしは、その人々にとっては善意から出るものなのだと思う。

しかしコーダにとっては、それは有効なサポートにはなっていない。むしろ、聞こえない親を弱い存在とみなし、問題が起こったときにそれを親が聞こえないことと結びつけて解釈しようとするまなざしは、コーダを背伸びせざるを得ない状況に追い込んでいる面もある。聞こえないことを「苦労」や「大変」といったイメージで重く捉え、同情や努力への期待といった先入観でコーダやその家族を見る見方が強く働いている状況では、逆にそれに立ち向かうために、コーダは自分の家族が普通であることを強調しなくてはいけなくなってくるからである。

## ろう者と貧困

コーダの家庭の話をするときには、ろう者の経済的不利さとそこから来る不安定さについてもふれなくてはいけないだろう。金融危機以降の衝撃に揺れる今でこそ、格差の問題が取り上げられ、貧困がめずらしいことではなくなってきたけれど、聞こえない親とコーダの家庭の多くは、昔から、今日のような経済的な問題に晒《さら》されてきた。

ろう学校では、聞こえる人とのコミュニケーションが少なくても働ける技術をろう学生に身につけさせるための専攻科が用意され、理容や木工、印刷、和裁、洋裁、クリーニングなどの技術が教えられてきた。私と同世代のコーダの親には、こうした職業に就いていた人がかなりいる。

### 聴者とのコミュニケーションがネックに

もちろん、企業に勤めて事務の仕事をしたり工場で働いたりするろう者もいたが、会社員として勤める場合でも聴覚障害者の給料は高くなく、出世の道はほぼ閉ざされ、給料もあまり上がっていかなかった。しかも、ほとんどの職場では、聞こえない人は聞こえる人のなかにポツンといる存在で、浮き上がってしまうことが多かった。

一般の聞こえる人は聞こえない同僚とどう関わっていいかわからず、聞こえない人だけ飲み会に誘われなかったり、会社の人間関係についての情報をもらえなかったり、といった状況も起きやすい。たとえ懇親会や旅行に一緒に行ったとしても、聞こえない人が複数の聴者の会話に入るのは難しい。

このようなことから、聞こえない人は職場での孤立感を深め、人間関係に悩んで、それが退職と結びつくケースもめずらしくなかった。聴覚障害者の離職率は、終身雇用が一般的だった時代においてさえ高かったと言われている。

## 共通する経済的な苦しさ

こうした状況は、コーダの生活にも影響を与えている。私と同年代のコーダは、都営住宅や市営住宅など、所得の低い世帯を対象とした公営住宅に住んでいた人が多い。そのため、コーダ同士で子どものころに住んでいた家の話をすると、間取りがだいたい似ているため、お互いに空間的なイメージをつかみやすいらしい。

また、コーダが進路を考えるにあたって親の経済状況を心配するという話は、以前から多い。借金関連の話も、インタビューではそれなりの頻度で出てくることがある。

アンケートでも、親を一般の聴者よりも低く見てしまったことがあると答えた人のなかで、その理由として生活水準を挙げた人が一定数いた。

「周りの家庭との生活水準の格差」

「貧乏といつも言ってたから（笑）」

「給料が安かったこと」

「教養、生活……」

そのうちの一人は、「自分が社会に出たときに、ここまでの安い給料で育ててもらえたことに尊敬の念を覚えた」とも書いている。

一九七〇年代、八〇年代は、今ほど貧困や借金の話が一般的になされる状態ではなかったから、やはり、相対的に見て、コーダ家庭では経済的に苦しいケースが少なくなかったのだと思う。

## Lさんの手記

世代的にはさらに遡るが、ここでLさんの手記を紹介したい。Lさんは現在五十代のコーダなので、以下は概ね一九六〇〜七〇年代の話である。

Lさんの育った家庭は、祖母、父、母、伯父、いとこ、弟との七人家族で、両親と伯父がろう者だった。Lさんが思春期を迎えるころ、家族編成が変わったために急激に暮らしが苦しくなり、家族もぎくしゃくしていく。

家族が七人だったときは、父、伯父、いとこの給料で生活が成り立った。でも、いとこが結婚して出、伯父が亡くなって、父だけの給料で生活しはじめたときから、次第に、夫婦喧嘩が増していった。原因は、やはり不当に安い父の賃金からであった。

父の気質としては、不平不満は自分の胸の内に収めておくほうだったが、母はそうではなかった。会社へ行き、社長に会い、給料を上げてくれとよく掛け合いに行ったが、嘱託だから、との返事で聞き入れてもらえなかった。

とにかく給料問題での喧嘩は、私にとって耐えられなかった。私も世間を知らなかったし、どうにもできなかった。

父が仕事を終え、疲れて帰ってくるのに、母はご飯もよそわずにがみがみ言っている。そんな父がかわいそうで、母を何回となく憎んだこともあった。

学校が中間や期末試験を控えているときなどは、なおさら困った。二階にいても、母の怒っている様子は声から判断できた。下へ降りて「試験の成績悪かったら、お母ちゃんのせいやで」。捨てぜりふをはいて二階へ行って再び机に向かう。しばらくは母の声がしなかったが、また時間が経つにつれて大きくなっていくのがわかった。白紙で答案を出して後で母に見せてやろうかとも思うことがあったが、私の気持ちがやはり許さなかった。

いっそ家を出たほうが、すっとするかもしれないと思うこともあった。でも、家を出た後の両親の悲しむ姿を思うとできなかった。今まで一生懸命、ハンディを背負いながらも育ててくれた気持ちが身にしみてわかるのだ。

その翌朝、いつものように近所の人は、大きい声で内緒話だ。

「ゆうべは何をあんなに大きい声で怒ってはったんやろ」

「ほんまにうるそうてかなわんな」

「山の中の一軒家でもないのに」

祖母は耳が遠くなっていたから、結局は、私と弟の耳に入ってきた。その話し声が聞こえるたびに身の縮む思いになってしまい、そんなときには、近所の人と顔を合わすのがおそろしく、裏口から出入りした。

そんなある日だった。母が裏庭で不必要な紙などを燃やしていた（母は喧嘩の後、必ずと言ってよいほど、うっぷん晴らしに、残しておいたピンボケの写真や、不要になった新聞の切り抜きなどを整理して燃やす癖があった）。すると、両隣のおばさんが民生委員のおじさんを連れてきて、母をしばらく精神病院へ入れてほしい、とのこと。「夫婦喧嘩でキーキー言われても辛抱するが、裏で焚火《たき》されたりして、いつなんどき喧嘩の腹いせに、うちの家を燃やされるかもわからん。そんな怖い人は隣にいてもらいたくない」ということだった。

そこに至るまでに、焚火だけでなく、普段の近所づきあいででも、コミュニケーションがうまくいかず食い違いがおきると、母はよく文句を言いに行ったりしたから、みんなに「何をしでかすかわからへん」というように思われていたに違いない。祖母も父も何も言えなかった。私も弟も、母が車に乗せられていくのを、ただじっと見ているしかなかった。

そして二か月くらい経って、母が帰ってきた。近所へ挨拶をして回ると、「もう帰ってきやはったん」。私は、このときほど頭にきたことはなかった。自分たちのした行為を、いったいどう思っているのだろう。母を一体何だと思っているのだろう。もう、ただ母がかわいそうだった。

### 貧困＋コミュニケーションギャップ

生活の経済的な苦しさが家庭内の不和につながることは、ろう者の家庭だけでなく、広く一般にも見られることである。Lさんもお母さんへの反発を強めるが、その一方で、親はハンディを負いながら自分を育ててくれたという自覚が、親を悲しませたくないという思いとなってLさんを引き留める。自分の反発心と、親に課せられているハンディを知っているということの狭間で揺れるこの思いは、コーダに多く見られる種類のものだと言えるだろう。

Lさんは、家族と家族外の人たちとのギャップがどう生み出されたかにも自覚的である。お母さんが「精神病院」に連れて行かれる直接の原因となったのは焚火だが、Lさんは、それまでにもお母さんの大きな声や近所の人との摩擦が、お母さんを「逸脱」視する周囲の人たちの先入観をつくったことに気づいている。

Lさんのケースほど象徴的ではないものの、聞こえない人の場合、貧困という圧力に加えて、聞こえる人とのコミュニケーションのとりにくさが、まわりからの理解や協力を得られにくくしているという構造は、たしかにある。コミュニケーションがとりにくかったり、障害への偏見が強かったりする場合には、親戚や近所ともつながりが薄くなってしまう。

聞こえない人にとっては、聞こえる人とのつきあい——職場での人間関係をうまく維持したり、子どもの友達の親とつきあったりすることも含めて——は、意識して努力していることである。そうやってまわりに一人でも理解者をつくることは、聞こえない人の側にのみ課された努力になっている。そうしないと、聞こえない人は浮き上がってしまい、いざというときに必要な助けも得られなくなってしまう。

## 不利益が増幅する構造

聞こえないということから二次的に起こるハンディと、裕福でないということは、相互に絡み合って生活に陰を落とす。聞こえない子の教育で口話《こうわ》訓練が重視され教科学習が遅れてきたこと、テストのほとんどが日本語でおこなわれているということは、ろう者の進学率を低く抑えてしまっている。また、手話環境が整備されないなかで育った聞こえない子は、複雑な人間関係を解決したり責任を任されたりする経験を持つこと自体が少なくなってしまっている。こうした教育面での不利益は、聞こえない人が労働条件の悪い状況でも働かざるを得ない経済的不利益につながっている。

『障害とは何か』を書いた星加良司氏は、障害を持つ人に不利益が集中するメカニズムを論じ、「不利益の複合化」と「不利益の複層化」という概念を使った。このうち、「不利益の複層化」というのは、不利益が増幅していくということでもある。星加氏が例として出しているのは、視覚障害のために自由な移動ができないというケースである。

> たとえば、移動に関して不利益を受けていることによって自動的に職を得る機会が失われてしまえば、当事者の経験する「障害」は「重度化」する。さらに、労働に関する不利益が、労働に応じた所得の分配機構を通じて、様々な社会参加における不利益や「自己決定」に関する不利益へと変換されていく。
>
> ［星加 2007:200］

ろう者の場合で言えば、ろう者が教育面で受けた不利益は、経済的不利益につながり、それは、社会に関わるときの不利益をもたらして、ろう者の困難を大きくしている。

今日では、聞こえる人の家庭でも経済的な問題を抱えるケースが増えてきて、聞こえない人の家庭の貧しさは際立たなくなった。むしろ障害年金がもらえるだけ恵まれている、という見方もある。

しかし、だからと言って、聞こえない親とコーダの家庭の多くがくぐってきたような貧困の経験がなくなるわけではない。日々の生活のつらさを笑いとばすようなユーモアのセンス、個人よりも仲間とのつきあいを大切にする感覚など、「ろう文化」のなかにはワーキングクラスの文化にも共通するような面が多く見られる。それは、経済的困難や聞こえる人とのコミュニケーションがうまくとれない難しさを抱えるなかで、ろう者たちが内輪でつくりあげてきた知恵なのだと思う。

# 祖父母世代、親世代、コーダ世代、そして時代

コーダのなかでも特に手話に関わるようになった人たちは、親やろう者の持っている力を認めている。そして、ろう者がさまざまな抑圧を受けてきたことに対して、複雑な思いを抱いている。

**A** 本当にろうの人って、いろんなことできるよね。運動神経もいいし。どんなことでも自分でやっちゃうというか。

**M** でも、(聞こえる) 親から虐げられてきた人は、そんなアクティブでないイメージがある。

**A** でも、一回はばたいちゃうと、すごいじゃない。

**M** そうそう。一回くっと殻脱ぐとそうなんだけど。

**A** 親元を離れるとか、身内から離れるとか。

**M** 何もさせてもらえない状況にいたろうの人は、そういう経験がなかったからか、すごく狭い世界で、自分なりに生きている感じがする。

## 祖父母と親の「抑圧－依存」関係

Aさんと M さんの会話からもうかがえるように、ろう者を抑圧する存在としてしばしば直接的に立ちはだかってしまうのは、ろう者を育てる聞こえる親であり、ろう者が育っていくときのまわりの聞こえ

る人である。

こうした周囲の人たちが、「聞こえない子にはこれはできない」と勝手に判断したり、本人に説明するよりもまわりが代わりにやってしまったほうが早いという意識を持ったりしていると、聞こえない子は、責任や役割を果たす経験が乏しくなってしまう。なかには、そういうことが積み重なって、聞こえる人に依存する態度を身につけるようになる人もいる。

Mさんは、ろう者とその親の関係は、コーダにもすごく影響すると指摘する。

**M** 私らコーダが声をあげなければいけないのは、ろう者を育てる聞こえる親に対して。ろう者が結婚して子ども生んだら、たいていはコーダになるから、聞こえる親にはそういうことも考えて子育てをしてもらいたいなって思う。今でこそ、ろう児を手話で育てようという聞こえる親も出てきているけど、やっぱり「聞こえない我が子を聞こえる人に近づけたい」というのも強い。

でも、そうやって口話《こうわ》で育ったろう者が大きくなって子どもを持つと、やっぱり親子のコミュニケーションができていなかったりする。聞こえない親とコーダでも、口話だけの会話やったら成り立たへん。親子関係がつぶれてまう。だからこそ、ろう児は手話で育ってほしい。手話のやりとりのなかで、自分の気持ちをまとめたり整理したりして、伝える力を身につけてほしい。そして、そうやって育ったろう者には、コーダを手話で育ててほしいって、最近強く思う。

**N** でも、（私たちコーダが）ろう者とその聞こえる親の関係に入っていくって、すごくしんどい。外部の人に入ってもらうのもすごく大事。

私一回、おばあちゃん世代の聞こえる親を、殴りそうになったもんね。私を見て、「うちの子にも子どもを生ませておけばよかった」って言ったときに、「許せない！」って。その言葉を受けとめられない自分がいる。抑えきれない。あなたが自分の子に子どもを生ませなかったってことは、つまりは私みたいなコーダを生まれてこないようにしたってこと？　その葛藤を乗り越えないと、ろう者とその聞こえる親の関係に入っていけないなって思ったわけよ。

**M**　私は今の話を聞いて、「やったー」って思う。その人の場合は遅かったけど、それでも「生ませておけばよかった」って思わせたわけだから。確実に一人は変わったわけやん。それを、今の若いお父さんとお母さんに思わせれば、変わっていくやん。

**N**　間に合うもんね。

**M**　世代ってあるんもんね。

**A**　祖父母世代、親世代、コーダ世代。

## 手話で育ててほしい

Mさんは、聞こえる親が聞こえない子を育てるときには、その聞こえない子がいずれは大人になって親になるということまで考えながら、会話力を身につけさせ、体験を積ませていってほしいと考えている。

聞こえない子に「自分たちと同じように声でしゃべるようになってほしい」と願う聞こえる親は多い

が、声で話し相手の口の形を読むコミュニケーション（口話《こうわ》）は、聞こえない人にとっては十分に意思の疎通をはかれるものではない。たとえ、自分の言うことを声で言えたとしても、それに対してまわりの人が声で言うことを十分に受けとめて、会話のやりとりをすることはできない。聞こえない人が親になってコーダを育てる場合、自分は声で話しても、コーダが声で言うことを全部読み取ることはできない。

聞こえない親とコーダの家庭をいくつも見てきたMさんは、そうした口話によるコミュニケーションでは、聞こえない親と聞こえるコーダのあいだで十分に気持ちを伝え合うことができず、親子関係がつぶれてしまうと感じている。そして、聞こえない子には手話で十分に会話のやりとりをして育ってほしいし、そういう子が親になったら、今度は積極的に手話を使ってコーダを育ててほしいと願っている。

## 祖父母世代への複雑な感情

一方、Nさんは、自分の経験から、ろう者とその聞こえる親の関係にコーダが入ることの難しさを感じている。コーダにとって、親世代とおばあちゃん世代の話は他人事ではなく、つい感情が吹き荒れてしまう。

Nさんは、手話通訳者として活動しているときに、自分のおばあちゃん世代にあたる聞こえる親に会った。その人は、Nさんが聞こえない親の下で育ったと知って、「うちの子にも子どもを生ませておけばよかった」と語った。

このように、聞こえる親が、成人したろう者に出産しないよう働きかけるということは、かつてはよくあった話である。年配のろう者のなかには、家族から「盲腸の検査」などと偽られ、結婚前に避妊手術を受けさせられた人もいるという。そうした背景にあったのは、聴覚障害が次世代に遺伝することを恐れる当時の風潮であった。

Nさんはそうした相手の言葉を聞いて、激しく動揺する。Nさんは、煮えたぎってくるような自分の感情を乗り越えなくてはともがく。

しかし、Mさんは、Nさんのその話に希望を見出だしている。おばあちゃん世代にあたる聞こえる親の一人が、Nさんを見て「生ませておけばよかった」と思ったのなら、以前の閉塞的な環境をつくり出していた一人は、確実に変わったということ。Mさんは、若い世代の聞こえる親にもそう思うようになっていってもらえば、聞こえない親とコーダをとりまく環境も変わってくると感じている。

### 交互につながる三世代

実際のところ、聞こえない人の九〇%は聞こえる親から生まれ、聞こえない人から生まれる子どもの九〇%は聞こえるコーダである(※)。この確率から言えば、コーダの家庭の多くは、聞こえるおじいちゃん・おばあちゃん、聞こえないお父さん・お母さん、聞こえるコーダという三世代の流れのなかにいる。

聞こえないということに初めて接した第一世代は、聞こえないことに対する否定的な見方を持ってし

※この確率は、[Bull 2005; Davie 1992; Preston 1994] にもとづいている。

まいがちだが、聞こえない世代を経た聞こえる第三世代は、親が体験を積む機会を奪われてきたのは、聞こえないことそのものよりも、周囲の環境によるところが大きかったと冷静に見ている。

聞こえない子への教育では、とかく、日本語の文章がスムーズに書けることやきれいに発音できることが重視されがちだが、人が生きていくときの言語力は、それだけではない。口話《こうわ》のうまい人でも、体調の悪いときには唇は読めないし、親子や夫婦の日々の会話では、筆談よりも、双方向で瞬時に情報を伝えられるコミュニケーションが必要とされる。

コーダたちの話は、これからの時代、そのことまでも視野に入れた教育が大事になってくることを、如実に物語っている。

## 文章の説明

聞こえない人のなかには、聞こえる人と同じように文章の読み書きをする人も大勢いる。しかし、聞こえない人にとっての日本語文が、必ずしも、聞こえる人にとっての日本語文と同じではないことは、注意しておきたい点だ。

聞こえない人は、音声の話し言葉を聞くことのないまま、書き言葉を覚えていく。そのため、人によっては、文章のつなげ方や助詞の活用のさせ方、状況に応じた文章の使い分けに苦労し、日本語の文章作成に難しさを感じていることもある。それは、日本で育った日本人が、英語を日常的にあまり聞くことのないまま英作文をするときの感覚に、部分的に重なるかもしれない。

その言語の音声のやりとりを普段から聞いていないから、何が自然な言い回しなのかがわかりにくく、よく使われる例文を中心に文章をつくったり、ネイティブが使う文章を真似したり、自分の書いたものをネイティブにチェックしてもらいたいと思ったりする。読むほうはまぁまぁできるが、書くとなると苦手。一部のろう者は、日本語の文章に対して、そうした思いを持っている。

### 「JRに走ってます中」

たとえば、私の友人のろう者は、待ち合わせに遅れるとき、次のようなメールを私の携帯に送ってきた。

銀行に手続きにかかった為に大変遅くなって申し訳ないと思いますのでごめんなさい。今横浜から
ＪＲに走ってます中。待ち続けて大変すまないと思います。

この文章の意味するところは、とてもよく伝わってくる。でも、文章のつなげ方やリズムなどに関しては、明らかに日本語話者とは違うところがある。ところどころ、手話の直接的な表現も見られる。たとえば、「ＪＲに走ってます中」は、「ＪＲに乗っているところです」という手話表現を日本語に直訳したものになっている。また、「待ち続けて」という部分は、日本語では「長くお待たせして」という表現になるが、手話では相手の立場に立った表現を挿入して表すことが多い。

この友人のように、文章が苦手という意識を持っているろう者の場合、自分が何か文章を書くときに、コーダにその文章のチェックを頼むということは、わりとよくあるようである。コーダは、書類や手紙、ファックスなどの文章を説明したり、その書き方を教えたり、文章に関する仲介もおこなっている。

たとえば、私と同年代ぐらいのコーダでは、親の代わりに、学校の書類や連絡帳に書く文章を考えていたという人がかなりいる。特に、コーダのなかでも年上のきょうだいであった人たちは、弟や妹のぶんまでも「今日は熱があるので学校をお休みします」とか「今日のＰＴＡ総会は欠席します」という文章を自分でつくり、親に「こう書いて」と頼んでいたという。「コーダの会」で学校の連絡帳の思い出が話題になったときには、自分で大人の字を書き分けていたお兄ちゃんの話や、「うちは親が聞こえないから」と堂々と子どもの字でその文章を書いたという話も出てきた。

## 言語の違いを能力の差と誤認する

正直な話、私は文章に関する話をこの本のなかでしてしまっていいのか、けっこう迷った。実際のところ、ろう者のあいだでは、日本語を使いこなせるかどうかがステータスになっているからだ。日本語の文章が苦手なろう者は、それを日本語が第二言語であるためとは考えず、そのことを恥ずかしく思い、引け目を感じている。モノリンガルが多い日本では、複雑な読み書きができないのが言語の問題としてではなく、能力の問題として捉えられてしまうことも多いし、文章が苦手なのは頭が悪いからだ、と思いこんでいるろう者やコーダも少なくない。ろう者やコーダでも文章がうまい人はいるという事実が、そうした認識に追討ちをかけている。

しかし、手話でなら、複雑な内容を雄弁に伝えられる人もいることは、強調しておきたいと思う。

前述の私の友人は、私とろう者の集まりに行くときや、海外のろう者と会ったときなどには、私のためにろう者の手話を通訳してくれる。ネイティブ同士の手話や外国の手話は、私には読めないからだ。それにもかかわらず、友人のほうは、聞こえる人に助けてもらっているという意識を持っている。そして、友人が海外のろう者に送るメールを私が英訳すると、その後には決まって、お中元やお歳暮という形で彼女からサラダオイルやカニ缶や果物が届く。

## コーダが黙って背負い込むもの

社会で力を持っている言語とそうでない言語。日本語、手話、英語……。そう並べていったときに、明らかにその言語のあいだに力関係がある。こうした言語間の力関係に加えて、聞こえないことを障害として捉える見方は、ろう者と聴者の両方に強力に働いている。

だから、ろう者は自分の持っている手話言語力をあまり評価せず、日本語や英語に敬意を払い、聞こえる人が音声言語を教えることと、自分が手話を教えることを、同等に捉えない。ろう者のなかにはそういう人が多いし、たとえ自分の子どもであっても、コーダに日本語の文章を見てもらったり通訳してもらったりすることを、ありがたい、という思いで受けとめている人がかなりいるように思う。

コーダのほうはと言えば、そこは親なので、「面倒くさい」と思ったり「え〜、前にも言ったじゃん」と言ったりすることもあるようだが、でも、深いところでは、親の思いを受けとめている気がする。

「親だってしたくてそうしているわけじゃない。自分でやれれば自分でやるに決まってる」

あるコーダは、インタビューのときにそう言っていた。

たまたま自分は聞こえ、親は聞こえない。コーダのなかには「ろうに生まれたほうがよかったかも」と言う人も少なくないが、実際問題、自分は聞こえて親は聞こえないのであれば、仲介することを引き受けるところも出てくる。ただ、そういうとき、近所の人、親戚や親のきょうだい、手話サークルの人など、自分のほかにも親と直接にコミュニケーションをする人がいて、仲介の苦労を理解したり共感したりしてくれる存在がいれば、個々のコーダが一人で背負い込む思いは、もっと減っていくように思う。

## ある帰国子女から見たコーダ

今まで見てきたようなコーダの経験は、部分的には、言語的マイノリティの親を持つ子どもの経験とも重なるところがある。

たとえば、大人になってから日本に住むようになった中国人や韓国人、フィリピン人などは、日常生活を送るうえでは問題なく日本語を使えるようになっても、複雑な話や専門的な話を理解するときには苦労したり、日本語の文章を苦手と感じたり、日本の学校で親はどう振る舞うと想定されているのかを把握しにくかったりすることがある。こうした外国人の親を持つ子どもは、やはり親のために、通訳、説明、書類の処理などをおこない、マイノリティの親と日本社会の多数派の人々との橋渡しをしている。

### ハンディとしての帰国子女

私の大学院の後輩は、たまたま帰国子女で、こうした言語的マイノリティの親を持つ子どもとしての経験を持っていた。そして、コーダの経験は自分の経験と重なるところがあると、熱く語ってくれた。

この後輩の場合は、幼稚園と小学校、高校生の時期をアメリカで過ごし、中学と大学以降の教育を日本で受けている。日本では「帰国子女」というと「かっこいい」というイメージがあるが、それは、あくまでも日本国内で見たときの見方であって、こうした帰国子女たちが滞在先の国で経験することは、その国の事情によって、まったく異なっている。アメリカのような国においては、英語を完全に使いこなせない親を持っているということは、ハンディとみなされてしまう。

この後輩は、三人兄妹のいちばん上で、下に二人妹がいたが、年齢的にも立場的にも、彼が親とまわりの大人をつなぐ仲介役を務めることが多かった。そして、学校や病院などで、補助的な通訳をした経験を持っていた。

たとえば、病院に行くときなどは、お母さんは難しい医学用語が出てくることを想定してあらかじめ辞書を持っていき、わからない言葉が出てくるとその場で調べ、何度でもお医者さんに質問するという形をとっていた。しかしお医者さんのほうは、そのような形でお母さんにちゃんと伝わったかについては疑問があり、かなり嚙み砕いた言葉でそれを子どもの彼に再度説明し、それを彼がお母さんに伝えたという。

学校でも、先生とお母さんの面談のときには、基本的には二人が直接やりとりしたのだが、後で彼は先生から呼ばれ、「こういうことを言ったのでお母さんに説明してほしい」と説明された。

後輩のお母さんはある程度英語はできたのだが、それでも先生の側からすると、きちんと伝わったか不安があり、細かい英語のニュアンスと学校でのこまごまとした事柄を知っている彼から、お母さんに伝えてもらうことで、補おうとしたらしい。事実、学校教育を英語で受けた彼のほうが、お母さんよりも英語の細かいニュアンスがわかっており、しかも学校のことをよく知っていた。

そのため、学校からのプリントやお知らせも、お母さんは彼に「これはどういう意味?」「これは○○を持っていくということ?」と確認し、彼は自分の経験をもとに、妹たちのプリントのぶんまで説明したり処理したりすることが多かった。どこまで伝わっているか不安という大人側の思いが、子どもの彼を通訳する立場に置いていた。

こういう通訳や説明をしながら後輩は、「言語というのは、しょせんこんなもんか」という思いを抱くようになったという。後輩の家では、「アメリカで暮らしていても家の中では日本語を使う」というのが鉄則だった。しかし、家では価値あるとされている日本語であっても、ひとたび家の外に出れば、それは、まったくの無意味なものになってしまう。一方、自分が学校で教育を受けている言語である英語は、家の中では評価されない。そのくせ、家の外では、親は、「あなた、英語できるんだから」と通訳をあてにする。そのような意味では、親の態度をダブルスタンダードだなぁと思うこともあった。

### 親と自分の経験が重ならない

アメリカ社会と日本社会の両方で育つ彼の体験は、日本社会の見方を中心にしている親とも共有できないことがあった。彼の場合、中学を日本で過ごして、高校のときにまたアメリカに行くことになったのだが、そのときは、数年の日本での生活のあいだに英語もかなり忘れてしまっていて、高校の授業についていくために英語力を上げるのが死活問題だった。そのため、必死になって家で英語の本を読んでいると、家では、「英語もいいけど、日本語もちゃんと勉強しなさいよ」と呆れられる。

親の言うことと自分の直面していることのあいだにズレがあった。高校で進路について悩んだときも、親は、アメリカで就職していくとか、アメリカの大学に行くというビジョンがあまり持てず、「こんなんで大丈夫なの？」と何度も彼に訊いたという。

このように、親の経験と子どもの経験が根本的に違っているということは、親が子どもの置かれた状況に対して適切なコメントをできないという事態をもたらしやすい。その社会の言語で手にしている情報量が、親よりも子どものほうが多いのである。そのようななかで、子どもは自分で情報を集めて判断し、自分で物事を決断していく。

後輩は、こうした点で、自分の体験をコーダに重ねていた。

世間の人から言われることと自分の感覚にズレがあるという点も、後輩が私に語ったコーダとの類似点の一つである。彼の場合は帰国子女なので、人から羨ましがられたり、「えらいね」と言われたり、「育つ環境が転々として大変でしょう」と言われたりすることがよくあったらしい。しかし、彼にしてみれば、そう言われることに違和感があった。自分にとってはそれがあたりまえで、そういう人生しか知らない。その人生が、自分の今をつくっている源となっているのだから、人と比べても意味がない、と後輩は感じていた。

後輩が言うには、「コーダと自分の体験はなまじ重なるだけに、コーダを客観的に見るのは難しいところもある」という。しかし、後輩の次の問いは、コーダと帰国子女の違いについて考えさせる。

「でも、僕のほうは似ていると言われることに抵抗はないんですが、コーダのほうは、僕みたいな帰国子女と似ていると言われると、嫌と思うんでしょうか？」

## 帰国子女とコーダの違い

アメリカ育ちの帰国子女と似ていると言われてコーダは不快に思うかもしれない、という予想。私の目から見ても、あながちこの予想は的をはずしていないという気がする。帰国子女とコーダのケースでは、確かに何かが違う。その違いは何なのだろうか?

日本社会で生きていくときの親の経済的社会的立場の違いだろうか?

聞こえないことが「障害」として扱われ、常に個人の能力不足と結びつけて語られる風潮だろうか?

聞こえないことは、コーダにも身体的に遺伝すると見られうる偏見だろうか?

あるいは、アメリカに行った日本人の親の場合には、英語を聞いているうちにわかるようになる場合もあるが、ろうの親は、そもそも音声言語を聞くという機会自体が奪われていることだろうか?

よくよく整理して考えてみると、違いをもたらしている大事な要素の一つとなっているのは、おそらく言語コミュニティの大きさの違いであり、取りうる選択肢の数の違いであろう。

たしかに日本語はアメリカ社会においては少数派言語かもしれないが、それでも、日本という国の存在はアメリカ社会で知られており、そこでは日本語だけで完結する世界があることは想定されている。アメリカ社会とは違う文化の中心があることが、いちおうは認識されているのだ。事実、日本では、一億二〇〇〇万人余がその言語を使っており、学校や職場では日本語が使われ、テレビでは日本語が流れている。

しかし、言語コミュニティが圧倒的に小さく、それが常に音声言語社会のなかに断片的に置かれている手話の場合には、そうはいかない。日本のほとんどのろう学校では、いまだに手話は補助的にしか使われない。テレビでも、手話による放送はごく限られている。日本語と切り離した世界で、手話だけで職や教育や娯楽を得ることはできないのである。

このように、言語コミュニティの規模の違いは、その言語に関わっていることで経済的な利益をどれほど持ちうるかということとも関わっている。たとえ、手話に関わる仕事をしようとも、手話だけでは成り立たないのが現実で、手話と日本語の通訳など、手話をなんらかの形で日本語とつながなければ、そこからお金を得ていくことは難しい。

## 「祖国に戻れば」があるか

違いをもたらしているもう一つの主な要素は、親の属する社会が、子どもの育った社会と明確に違う価値基準を打ち立て、独自のシステムを持っているという点だと思う。

日本とアメリカでは、教育にしろ職業にしろ、システム自体が違っていて、両者を安易に比べて優劣をつけるというわけにはいかない。たとえ親はアメリカ社会において多少ズレたことをしてしまっていても、親にはありのままの自分で適切にふるまえる日本社会があり、そこにいずれ自分も関わるかもしれない、という思いがあれば、子どもは親に敬意を払う。

しかし、ろう者の場合、ろう者は聞こえる人の社会のなかで生活をしていかざるを得ないのである。そのなかでは、ろう者は「障害者」として扱われ、アクセスできる教育も職業選択の幅も限られてしまっている。しかも、教育を受ける過程では常に聞こえる人と比較されてきたために、成人して親となってからも、ろう者は往々にして「聞こえる／聞こえない」を基準とした優劣意識を持つようになってしまっている。それは、親としての自信や、親が親としての権威をスムーズに保てるかどうかにも影響し、ゆくゆくは、コーダが思春期に親をどう見るかに影響する。

まとめてしまえば、身体の違いが「できる／できない」の違いで語られ、能力のなさと見られて評価を得にくい立場に置かれてきたコーダの親は、帰国子女の親のように、「祖国に戻れば」といった、違う価値観の働く足場を持っていない。

たとえコーダが「ろう文化」という言葉を得ても、それは、職業や経済的な事柄とはあまり結びついておらず、帰国子女が日本の学校や日本の会社を見るときのようには、その実態は見えてきにくい。

### 言語的マイノリティの親子として

それでも、私の後輩がコーダとかなり似た体験をしているという事実は、マイノリティ言語を話す親が多数派言語社会のなかでその能力を疑われ、多数派言語社会で教育を受けた子どもを通して情報を得るような構造に置かれやすいこと、そうした橋渡しをしている子どもたちに対して同情や賞賛といった特別視が働きやすいことを浮彫りにしている。

特殊な事例として捉えられやすいコーダの経験の一部は、言語的マイノリティの親と多数派言語社会のあいだを子どもという立場で、説明し、つなぎ、引き裂かれ、混乱することから来ているのだと確認しておくことは重要だろう。

コーダは決して特別な人たちではなく、その視点は、ほかの言語的マイノリティの親子を考えるときにも有効なのである。

# 3 「ろうの声」とコーダ

この章では、聞こえない人たちの声とコーダをテーマに書いてみたいと思う。

聞こえない人の声に対しては、聞こえる人の側は敏感に反応する。なぜなら、聞こえる人のあいだでは、声の出し方についての規範がある程度共有され、声を出す適切な状況、ふさわしい声の大きさ、トーン、抑揚、アクセント、テンポ、間などが想定されているのだが、自分や相手の声を確認できない聞こえない人の場合には、この規範を満たせないことがあるからである。

実際、言語障害や特殊教育(特別支援教育)の分野では、ろう者が出す発音の不明瞭な声は「ろうの声deaf voice」と呼ばれ、構音障害の一つとして扱われてきた。構音障害というのは、「言葉の音を正しく出せない状態」で、その原因は、口蓋裂のように発語器官の形が変わってしまっていたり、脳性まひのように発語器官の筋肉がまひしてしまっていたり、自分の音声を自分で聞くというフィードバックがないことだったり、さまざまである。

でも、原因は何であれ、その結果としてもたらされる不明瞭な発音には人々の多大な関心が集まり、それを矯正するための言語訓練の技術が開発されてきた。音声言語社会に生きる人々は、それだけ「普通と違う」声に対しては敏感なのである。

しかし、よく考えてみると、この「普通と違う」というラベル貼りは、実は、そういう声が出ているということそのものではなくて、それを「逸脱」とみなす人の反応があって、初めて成り立つものである。つまり、何が「逸脱」とされるかは、ある行為をしたり、ある状態にあったりする人と、それに反応する人とのあいだの、お互いのやりとりのなかで決まるのである。

この章は、そうしたことを念頭に置きながら、読んでいただきたいと思う。

## 聴者にとっての「ろうの声」

手話の勉強を始めたばかりのころの私がいちばん戸惑ったのは、聞こえない人たちの声だった。

手話を使うろう者のなかには、声をまったく出さない人もいるが、地域の手話サークルなどに来てくれるろうのおばさんや、ろう学校を出たばかりの若い人などは、聴者に対しては、手話を日本語に近い日本語対応手話に変え、声をつけて話してくれる人が多い。

日本語対応手話というのは、日本語の文法に手話の単語を当てはめるようなものだから、ろう者にとっては、使い勝手のいいコミュニケーション方法ではない。言いたいことも、伝えられることも、かなり狭まってしまう。それでも、ろう者は聴者を前にすると、しばしばこの話し方に切り替わる。

手話がまだわからない聞こえる人にとっては、ろう者の側が声をつけてくれるというのはとてもありがたいことなのだが、この声が、人それぞれかなり違っている。なかには、聴者にとって違和感のない声を出す人もいる。しかし多くの場合、ろう者の声は、聴者が思い描くものとは違う。

### あ、普通の声と違う！

考えてみれば、あたりまえである。聞こえない子どもは、人や自分の声を聞くというフィードバックがないままに、舌の位置を鏡で見たり、喉を手でさわったり、息の出方を確認したりしながら、五十音の一つひとつを声で出す練習をしていくのだから。自分が「し」だと思って出している音が実際には

「い」に近い音になっていたり、あいうえおでは表しにくい音になっていたりすることも、ままある。声の高さだって、抑揚のつけ方だって、間の取り方だって、大きさだって、どういうのが「一般」というのかを自分で聞いて知ることのないまま、一生懸命訓練して覚えるのである。

しかし、聞こえる人の側のほうは、ろう者は手話を使うということは想定していても、声が違うとは思っていないため、びっくりしてしまう。年若い女性だと思って接した相手の声が、野太かったり、ガラガラ声だったり。逆に、男性的な雰囲気の人の声が、かん高かったり、発音が違っていたり。

ろう者とつきあいの浅い聴者の場合、そういう声を聞くと、瞬時に「あ、普通の声と違う！」と反応してしまう。そして、聞いてはいけないものを聞いてしまったような気分、障害者の傷口をまじまじと見たような気分になってしまう。しかも、そのような違いを感じてしまった自分に罪悪感を抱きながら、その声が普通であるかのように演じようと努めてしまったりする。

## 声を出すのは気持ちいい？

一方、ろう者の側では、聴者側のこうした複雑な思いは理解しにくいものである。そもそも、自分で聞こえていないので、聴者から「声が出てる」と言われるまで、自分が声を出していることに気づいていないときもある。たとえ、その声が普通と違っていると言われたところで、ろう者は、「まあ、自分は聞こえないし、そういうこともあるだろう」と受けとめるのではないかと思う。

もちろん、ろう者のなかには、「逆に変に見られるから声を出さない」と決めている人もいる。でも、笑うときに声が出たりするのは自然なことだし、ろう教育では声は出すものだと教わったし、その声が多少違っていたところで、気にしてもしょうがないと思っている人も多いような気がする。さらに、これは私の推測の域を出ないが、ろう者のなかには、まわりの聴者の「変な反応」さえなければ、声を出すのは気持ちいいと感じている人もいるのではないだろうか。おそらくはスポーツのような感覚で。

しかし、こうしたろう者側の感覚をよそに、ろう者と関わるようになったばかりの聴者は、それを、障害者の障害そのものと感じてしまい、必要以上に力の入った対応をしてしまう。

## カラオケバーで、居酒屋で

私は大学時代、手話サークルに行くようになって一年目ぐらいの状態で、ろう者にカラオケに連れていかれたことがある。しかも、そこはカラオケボックスではなく、バーのなかにカラオケ用のテレビとマイクがあって、その歌がそのお店のお客さんみんなに聞こえるようになっていた。若いろう男性たちは、臆することなく、カラオケに流行のJ-POPの曲を入れ（たしか、当時流行っていたCHAGE&ASKAの曲だった）、マイクを握り、歌詞の字幕を見ながら楽しそうに歌った。

音程も何もなかったから、ワウワウという声を出したという感じに近かったかもしれない。ほかのお客さんは、その歌を聞いていないかのように装い、普通に会話をしていた。私とそのとき一緒だったもう一人の聴者の女性は、二人で大きな声を出し、ろう者たちに合わせて曲のメロディを歌った。

また、あるときは、聞こえない人たちとの飲み会の後、私は中途失聴のおじさんの声にどう対応しようか悩んだ。中途失聴というのは、音声言語を身につけて大人になってから耳が聞こえなくなった状態の人だから、声の発音や抑揚、間の取り方は、普通の聞こえる人と変わらない。しかし、それでも、まわりの状況に合わせた声の大きさの調節は難しい。特に、居酒屋の騒がしい空間から、店を出て静かな夜道を歩くことになったときなどは。

駅に向かう夜道では、おじさんの声は明らかに大きすぎて、目立っていた。でも、そのとき私が一緒に飲んでいたのは、私以外、全員聞こえない人たちで、ろう者も中途失聴者もまったく気にしていなかった。というより、気づいてさえいなかった。気にしているのは私だけだった。私は迷った。それとなく、相手に声が大きいと知らせるべきか。それとも、相手だけが浮いて見えないように、私も一緒になって大声で話すべきか。どう振る舞えばいいのか、わからなかった。

今の私は、そういう状況になっても、それを大きな問題とは感じない。あまりにも声が大きかったら、ちょっと言えばいいだけのことだし、逆に、「みんなで酔っ払って楽しく騒いでま〜す！」と捉えられるのもOKだと思う。場と雰囲気に応じた対応をすればいいだけのことである。

おそらく、これは私だけではなくて、手話サークルに出入りする聴者や聞こえない友人を持つようになった聴者も、同様だろう。聞こえる人と聞こえない人が対等に話をする関係では、たとえ、聞こえない人の声の発音やリズムや高さが一般の想定と違っていても、ほとんど意識されない。大事なのは声がどう、というよりも、何を言われたかであって、会話の中身のほうが重視される。

## 変なのはお互いさま

逆に言えば、それは、聞こえる人の手話についても同じである。聞こえる人が手話で言うことをわかろうとする聞こえない人は、聞こえる人の手話の形やリズムが違っていても、手の動きが不適切になっていたとしても、内容がわかればいいと、大目に見る傾向にある。もちろん大目に見るといっても、それは、手話のネイティブにとっては、「聴者訛り」を意識させるものとなってはいるのだが。

つまり、聴者とろう者のつきあいが深くなってくれば、声が違おうが、手話が変だろうが、それも相手のコミュニケーション手段の一つとあたりまえに受けとめるようになる。「変なのはお互いさま」であって、どちらか一方の問題ではないのである。

## コーダにとっての「ろうの声」

さて、この辺で、話をコーダに戻そうと思う。前項でも見たとおり、一般の聴者は、ろう者とのつきあいが深くなってくるにつれ、ろう者の声に違和感を覚えていた状態から、それが気にならなくなるという状況に移行する。

しかし、コーダがたどるのは、この逆の道筋である。

小さいコーダにとっては、聞こえない親の声はごくごくあたりまえのものだ。親は、さまざまなやり方で幼いコーダに話しかける。手話を使ったり、身振りを使ったり。コーダは聞こえる子どもなのだからと、声をつける親もいる。声をどの程度使うかというのも、どういう状況で使うかというのも、人それぞれである。人によっては、コーダに日本語の言葉を教えるときにだけ手話に声をつける親もいる。もちろんコーダは、きょうだい、おじいちゃん、おばあちゃん、親戚、保育園の先生、友達とのやりとり、テレビの子ども番組などを通して、音声日本語を聞き、言葉を覚えていくのだが、そのなかの一つに、親の声が入っていることもあるということだ。

### 暮らしにあふれる親の声

ときには、親の発音がちょっと違っていて、コーダがその発音のまま言葉を覚えることもある。私の尊敬するあるろう者は、日本語も日本手話も品格を持って使いこなす方だが、お子さんが小さいころ、お風呂のなかで「おふろ」「おふろ」と教えていたら、実際にはその子の発音が「おぶろ」になっていると後で親戚から言われたという話をしてくれた。また、私の友達のコーダは、お母さんが楊枝《ようじ》のことを「のうじ」「ようしん」に聞こえるような音で発音していたと言っていた。

もちろん、こういうエピソードは、発音が違っていた場合のほうが話として出てきやすいため、親が普通の発音でコーダに話しかけている場合も多いと見るのが妥当だろう。しかし、とにもかくにも、聞こえない親と聞こえるコーダの家の中で、聞こえない親の声はそれなりに使われている。口話《こうわ》が苦手で家の外ではまったく声を使わないという親でさえ、家の中で声を使うということは割とあるらしい。特に多いのは、聞こえない親が聞こえるコーダを呼ぶときである。

一般に聞こえない人同士が相手の注意をひくときは、そばまで行ってトントンと肩をたたいたり、相手の視界に入るように手をひらひらさせたりして、呼んでいるということを知らせて会話を始めるのだが、毎日の家族との生活のなかでは、どんどん省エネモードになる。

わざわざそばまで行って呼ぶのが面倒くさいので、床を足でトントンとやったり、やわらかいもの(たとえばタオルをボール状に丸めてくくったようなもの)を投げたり、壁をたたいたりする(振動でわかるらしい。ただし、これらの省エネモードはやはり丁寧ではなく、ろう者のなかでもこうした呼び方はやめたほうがいいという人もいる。ましてや、その加減を理解しにくい聴者は、絶対に真似しないほうが無難である)。

そしてこのとき、もし相手が聞こえるのであれば、声を使うというのはとても便利な方法なのだ。「ア、ア」などと声を出したり、コーダの名前を呼んだり。呼んでいるということを相手がわかって振り返ればいいので、発音は気にしない。コーダの名前がキミコさんだったら「いみこ〜」になったり、トミコさんだったら「どみごーちゃん」になったり、タクヤさんだったら「だんや」になったり。コーダは親が自分を呼ぶときの呼び方を、とても上手にやってみせてくれる。

## 聴者の反応に気づく

しかし、家ではこうやってごくあたりまえに親の声にふれていたコーダは、やがて保育園や幼稚園、小学校などで、聞こえる子どもや聞こえる先生、友達のお母さんなどと接するようになり、しだいに街の人などともやりとりをする機会が増えてくる。そして、自分にとってはあたりまえだった親の声に対し、まわりの人は反応するということを知り、聴者のなかでは親の声を意識するようになっていく。

それでも、コーダのなかには、「私は〝デフボイス〟にどっぷりで聞き慣れちゃっているから、それが一般にどこまで伝わるのかは、わからない」という人もいる。以下は、「コーダの会」で、「ろうの声」が話題になったときの話だ。

**A**　ろう者から、「私の声ってちゃんと通じる?」って確認されるときがあるんだよね。私は、どんなろう者の声もよくわかるの。でも、その人の声が会社でどのぐらい通用しているのかは、私はわからない。「それがどれぐらい他の人に伝わっているのかわからないから、私には訊かないで」って。

**B**　「ろうの声」に関しては、おいらたちの脳味噌がそうなってるんじゃないの？　道歩いていて、ろう者が声を出したら、わかる。「あ、今の声は」「この声、ろう者だ」って。

**A**　わかるわかる。誰かが「キャー」っていうのは無視してたり気づかないときがあったりするけど、

「ろうの声」が聞こえたら絶対反応するもんね。

**C** 俺たちにとっての心地よき響きなんだよ。

**D** 私は、声に関しては、ろうの人たちから「この人（の声）上手？　下手？」って訊かれるから、「普通の人が聞いてもわかる範囲だと思う」とか、「これはわからないかもしれない」って説明してた。

Cさんのように、親の声に対して愛着を語るコーダは多い。アメリカの「コーダの会」のメンバーのなかには、コーダ同士のコミュニケーションで、親の声を真似た「ろうの声」を使うコーダもいる。聞こえる人間が聞こえる人間にむかってわざと「ろうの声」を出すことは、聴者社会ではとんでもないタブーだと思われているが、コーダのボニー・クラフトさんは、「ろうの声」をタブー視するのは聴者社会の感覚であると語る。

私たちはその声を愛しく思ってる。その声は私の音楽なの。心にすっと入ってくるのよ。私はその声を使う生まれながらの権利を持っているように感じる。それは私自身の「ろうの声」だし。私はその声を適切な場所で使うし、聞こえる人が私を見るような公の場では使わない。でも、他のコーダと一緒のときには、私はその声を出すわ……単にお互いを呼び合うような場合にもね。ただ「ハッ!」とやれば、すぐにこちらを振り向くわよ。問題ないわ。

[Kraft 1997]

ただし、私が今まで日本のコーダと話をしてきた限りにおいては、日本では、成人したコーダ同士がコミュニケーションに「ろうの声」を使ったケースは見たことがない。アメリカの「コーダの会」においても、「ろうの声」を使うコーダは多くはないらしいが。

しかし、めずらしいケースであるものの、「ろうの声」を使うクラフトさんの話は、聴者という立場で「ろう文化」を受け継ぐことに関する解釈の一つを示していると言えるだろう。

# Kさんの場合

それでは、コーダにとって親の声がどのようなものであるかを、特に親の声をテーマとしたインタビューに応じてくれたKさんの例に即して見ていこうと思う。

Kさんの親は、両親ともろう学校を出ていて、基本的に手話を使う親だった。でも、生活のなかに声はあった。そうした声は、Kさんにとって、「小さいころはもちろんあたりまえすぎて、愛着さえも感じない」ものだった。まずは、そのあたりのころから見ていきたい。

### 親の声の真似が流行る

子どものころKさんとお姉ちゃんは、親に連れられて、ろう者の集まりによく行った。そして、同じように、親に連れられてきたコーダたちと一緒になって遊んだ。コーダの子どもたちのあいだでは、親の声を真似するのが流行った。

**K**　コーダはコーダで遊んでいて、誰かのお父さんが何か言うと、みんな、ふっと振り向く。で、「あんたのお父さん、何か言ったね」とか。それをみんなが真似した。そういう真似ごっこが一時期流行って……。

**私**　コーダのなかで？

K　そうそう。

私　ろうの声を真似するのが?

K　うん。でも、それはまったく馬鹿にしているのではなくて。うちのお父さんの真似をされても私は嫌じゃなかったし、たぶんみんなも馬鹿にしているのではなかったんだと思う。ただ、なんだろう、反射的に真似するっていうか……、「おまえ、真似うまいな」くらいの勢いで。

私　へえ。

K　「違う、違う、こうして真似するの」とか。

私　(笑)

K　たぶん、他の人が聞いたら、「真似するんじゃありません」って怒られそうだけど、そうじゃなくて、「あ、言ったね」っていうか、なんか確認。「あの人いるね」みたいな。

私　うん。

K　自分の親の、私の「とみこ」(仮名)って言うときの言い方と、「あやこ」(仮名)……うちのお姉ちゃん、「あやこ」って言うんだけど、「あやこ」って言い方を、コーダの前で披露していた。

私　へぇ。

K　「とみこ」とは言わなくて、「どみごー」っていう感じ。それを、もっと、「どみごーちゃん」「のみごーちゃん」とかって言う。しかも、イントネーションも、「とみこちゃん」じゃなくて、「どみごーちゃん」って同じので。でも、「あやこ」か「とみこ」か、たぶん、他の人には絶対わからないんだけど、私にはわかるし、それを真似する。

私　ふーん。

K　ほかのコーダの前で。で、ほかの子も「うちはね、こういうの」って。「みみちゃん」（仮名）とか、「みみ」って発音をやってるのが自然とあって。

私　（笑）

K　ほんと、笑い話にしかならなくて、馬鹿にしているとか、そういうの全然ないし。「おまえんちの父ちゃんの癖ってこうだよね」ぐらいの内容で、私がいかにね、うまいかってことを自慢してた。

## 絵本をお父さんの声で

Kさんは、子どものときには、絵本を声で読んでくれるよう、お父さんにせがんだという話もしてくれた。

K　お父さんの声が好きだったからだと思うけど、お父さんのところにいって、絵本を持ってきて、読ませた。

私　ああ、そう。

K　もしかしたら、「ろう文化宣言」とか知ってる人は、「なんて子どもだ」って思うかもしれないけど。お父さんの声が聞きたかったの、あのときは。話の内容じゃない。あと、あの一緒の空間を楽しみたかっただけ。本を読んで、絵を見て。ほとんど子どもはね、文章なんて聞いてないよ、あの小さいときは。

私　うん、うん、うん。

K　たぶん、あのときの私は、少なくとも聞いていなかった。もし、文章を読まれても、邪魔なだけ。見たいのは絵だけ。絵で想像して。あとはお父さんの、声が聞こえて、その声っていうのが……うるさくない音楽と同じ。

私　うん。

K　あの、自分のなかに自然に入ってくるような。あとは、お父さんのあぐらの中に、安心して座っているというか。あの感覚が好きで、じゃ、その次はこの本、その次はこの本って。

私　うん。

K　お父さんも、「自分の言ってることはわかるのかな?」と思っていたかもしれないけど、その声がほんと、自分のＢＧＭみたいな感じ。

私　うん。

K　そうだな、なんか、声が……たぶん好きだったと思う。好きっていう感覚までもない。あたりまえすぎて。あたりまえにあると思っていたから。

## 聴者の目を意識しはじめるころ

Ｋさんにとって、お父さんの声は、自分のなかに自然に入ってくるもので、お父さんのあぐらの中に座って絵本を読んでもらうのは、とても居心地のいい、安心するひとときだった。しかし幼いころは、そうやってろうの親や、親の友達や、コーダの世界にいて「守られていた」Ｋさんは、小学校に入ったのをきっかけに、聞こえない人を知らない聴者の目を意識するようになっていく。そして、そのときの対処方法なども考えるようになっていく。

**K** だけど、そうだな、やっぱ、その、社会が……コーダとかろうのなかで守られていたのが、小学校に入って、聞こえない人を知らない人たちとかのなかに入っていくと、うちの親の声に反応するっていうので、違うのかな、とちょっと思い始めて。うーん、小学校、中学校ぐらいのときに、「シーッ、シーッ」って言ったのを覚えてる。お母さんに。「声出さないで、声出さないで」って。

**私** あぁ、そうなんだ。

**K** 家では全然OK。でも、外では、なんか恥ずかしかった。それは、私が恥ずかしいんではなくて、親が、変なふうに見られるのが嫌だったっていうのがあると思って。声を出して、変なふうに見られた瞬間に、わざと手話を私がやったりする。「この人は聞こえないからなのよ」って（笑）。

**私** あー、なるほどね。

**K** あの、かわいそうっていうんじゃなくて、聞こえないからこういう声なの、私にとってはあたりまえの声なの。聞こえないからこういう声なのよっ、みたいな（笑）。

**私** あぁ。

**K** 私はそういうふうに、わざと演出するタイプだったから。あと、（親は）怒っていないけど、声を出すと（まわりから）怒ってるって思われるときがあって。表情が、私からしたらあたりまえのことでも、（手話とそれに伴う表情をつけて）「違う違う、これはこういうことなんだよ」とかっていうのを、ただ説明しあっていることも、まわりからしたら喧嘩しているのかなぁって（見える）。さらに声がつくとそう思われるから、私はそういうときは、ピエロみたいにニコニコしていた。何もなかったかのように。そう演出することで、なんか……。

**私**　まわりは安心する？

**K**　そう、まわりが安心するって、なんとなく、無意識にやっていたような気がする。

**私**　へぇ。

**K**　もちろん、お姉ちゃんだったら、「声を小さくして」って言ったかもしれないし、私も……あまりに（親の声が）大きすぎたら言ったかもしれないけど。もちろん、ろう（の人たち）のなかにいるときは、絶対そういうことはないけれど。

**私**　全然かまわないんだもんね。

**K**　そう。でも、普通のときは、そんなふうな演出をしていたときもあったかもしれない。

**私**　そうなんだ。

### なぜニコニコ笑ったのか

Ｋさんは、小学校に入学するぐらいから、聞こえない人を知らない聴者は、親の声に反応すると気づくようになり、家の外では、親が変に思われることのないよう、親に「声を出さないで」と言っていた。そして、親が声を出したときには、「かわいそうっていうんじゃなくて、聞こえないからこういう声なの」とまわりに示すために、大急ぎで手話をしてみせた。

おもしろいのは、ろう者としては自然な親の表現を、聞こえる人は喧嘩とか感情表現と捉えかねないことがあり、そのことで緊張感が高まってしまうのを、子どもとして「ニコニコ」していることで抑えていたという話である。

実際、手話で話すときには、普通に「違う違う」と言うときでも、手話の文法のために、眉根が寄ってしまったりする。ただ相手の話を「え？」と聞き返すときにも、眉がひそまってしまう。それらは、「そうじゃないよ」という内容や「わからない」ということを示すために必要な手話表現なのだが、その表情を、聴者は、「怒っている」「私のことを非難している」と誤解することは非常に多い（このように手話の文法から来る表情を〝感情〟と読み間違えられてしまうことは、コーダ自身も経験することの多い誤解である）。また、ろう者は手話で話が盛り上がっていると、声も「お〜」などとつくこともあり、それがますます強い怒りの表現と誤解されてしまう。

Kさんは、お父さんの表情や声や早い手の動きに、まわりの聴者が「喧嘩!?」と思うのを察知して、わざとニコニコしていた。親のそばで小学生がニコニコしていれば、まわりの聞こえる人は「それほど大ごとではないのだろう」と安心する。Kさんは、ろう者のなかではそういうことは絶対にしないが、まわりに聴者がいるときは、それとなく、そういう演出をしていた。

### パッシングとスティグマ処理

スティグマを研究した社会学者のアーヴィング・ゴフマンは、Kさんがやってみせたこれらの行為のことを、「パッシング」や「スティグマ処理」という言葉で呼んでいる。

スティグマとは、本来「烙印」を意味する言葉であり、ある社会において、それを持っているために否定的に見られてしまうような特性を指している。ゴフマンはスティグマがどのようなものであるかを説明するために、「肉体上の奇形」「個人の性格上のさまざまな欠点［中略］、精神異常、投獄、麻薬常用、アルコール中毒、同性愛、失業、自殺企図、過激な政治活動などの記録から推測されるもの」「人種、民族、宗教などという集団的スティグマ」の三つの例を挙げた。

ただし、このような特性がスティグマとされるのは、必ずしも普遍的な現象ではない。ある集団のなかではスティグマとみなされるものが、ほかの人々のあいだではスティグマと扱われないこともある。何をスティグマとみなすかは、社会によっても時代によっても大きく変わってくる。スティグマとはあくまでも関係性のなかでつくられるものなのである。

しかし実際のところ、多くの社会では障害はスティグマとして扱われていて、「ろうの声」も「肉体上の奇形」に近いものとして扱われる傾向にある。そして、スティグマが露わになると、人々のあいだには緊張や気づまりな感じが生まれるため、スティグマのある人やスティグマのある人に近い人たちは、緊張を回避するためにスティグマを極力見せないようにしたり、生じてしまった緊張をやわらげようとしたり、そのような行為をすることになる。聞こえる人々のなかでKさんがおこなったことも、そうした行為の一例であると言える。

たとえばKさんは、親が変に見られることのないよう「声を出さないで」と言ったが、これはスティグマ研究の言葉で言えば、「パッシングpassing」にあたる。「パッシング」というのは、スティグマのある人やそのまわりの人が、スティグマとなりうる情報を隠して「普通の人the normals」としてパスする行為である。つまり、声を出さなければ普通の人として見られることをKさんはわかったうえで、そうするように親に言っていたわけである。

そして、もし、親が声を出してまわりの注目を集めたときには、Kさんは手話をしてみせ、親は聞こえないために声が違うのだということを提示した。また、親の表情やろうの声や手の動きがもたらす緊張を解消するために、子どもの立場でニコニコしていた。このように、スティグマが露わになったことによって生じた緊張を解消する行為は、「スティグマ処理」の一部に含まれる。

もちろん、Kさんの話がすべてのコーダに当てはまるわけではないが、幼稚園の後半から小学生期にかけて、だんだんと、聞こえない人を知らない聴者との関わりが増えて来るコーダは、一般の聴者が「ろうの声」(や表情)に反応することを知り、親が変な目で見られないように、いろいろな調整や演出、説明をさりげなくすることが増えていく。それは、コーダが、聴者側の視点を知ったうえで、親が不利な立場に置かれることのないようにと振る舞う、一つの対応のあり方であるように思う。

### 生活のなかに「声」があった

しかし、コーダのあいだでは、親の声は「ろうの声」である前に「親の声」である。Kさんのお父さんの声は、場合によっては、発音がまったく違っていて、一般の聴者には意味がわからないようなものだった。でも、Kさんや、Kさんのお父さんによく会っているほかのコーダたちには、その声がわかった。

K　うちのお父さんは……「だめでしょ」って言うときの発音はまったくなっていない。「だーべーじぇん」ってなる。けど、わかる。「うわ、怒られた」って（笑）。

私　（笑）

K　ほかの人も、みみちゃん（仮名）も、私のお父さんが「だめでしょ」って言ったのは、たぶんわかっていると思う。

私　うん。

K　親たちが使うときは、たとえば、みほちゃん（仮名）がわーっと走ったら、「みほちゃんダメ」って言ったりするときに、「ア、ア」って。「ア、ア」って言うだけで、親が何か言いたいんだと思って、みほちゃんは、ふっと見る。それはだいたいそう。普通の呼びかけ……「ちょっと、ちょっと」というのと同じ。まわりからしたら、「あら、この子、親の気持ちを察して……」って、「偉いわね〜」みたいに思っているのかもしれないけど。親も、「ア、ア」って呼べば、見るって知ってるから。コーダというのは。

私　ああ、なるほどね。

K　そういう感じがする。で、だいたいふっと見る。気づかないふりをするのは、だいたい悪いことをしているとき（笑）。

私　（笑）

K　「うるさいなあ、もう、テレビ見るなとか言いたいんでしょ」とか思って。で、私が（耳をふさいで）こうやっていたりすると、耳元で、「どみごーちゃん」とか言いかけてきて、「お母さんうるさいなあ」とか。そんな感じで。

**私**　（笑）ああ、そうなんだ。

**K**　で、昔、ときどきお父さんが、「自分の声、聞こえる？」って言って、耳に言ったことがあって、「うん、聞こえるよ、聞こえるよ」って言って。「どういうふうに聞こえるの？」って訊いたことがある。『とみこ』って聞こえるよ」って、ちゃんと言ったんだけど、私も。

**私**　ふうん。

Kさんのお父さんは、Kさんに、自分の声がどう聞こえるのかを訊いているが、このように、聞こえない親が音や声に純粋に興味を持って、コーダに「どういうふうに聞こえるのか」を訊くということはときどきあるようだ。

アメリカのコーダ、ポール・プレストンも、一五〇人のコーダをインタビューした内容をまとめた本のなかで、あるお母さんがコーダに「あの音、水滴が流しに落ちる音は、なぜ出るの？　どこから出るの？　いつ出るの？　蛇口から水滴が出てきたとき？　それとも水滴が流しに当たったとき？」と訊いた話を載せている［Preston 1994＝2003:189］。

Kさんの家庭を見ていてもわかるように、ろう者は声を出さないと思われている一般のイメージとは裏腹に、生活のなかに、ろうの声というのは案外普通にある。Kさんの家では、親が、手話とろうの声が一緒になるのは自然だったと言っていた。

K　でも、なんか……ある意味、声でしゃべっているけど、手話との境はなかったという感じがする。「今いきなり口話になる」とかではなくって、手話とろうの声がちょっと一緒みたいに自然……かもしれない。

私　どういうときに？　「家ではいつも手話使っている」って言ってたじゃない？　どういうときに、「あ、声で」って思う？

K　そういうのは、呼ぶとき。

私　呼ぶとき？

K　呼ぶときとか、強調するときとか。呼ぶときは、こうやって呼んだりもするけど（テーブルを軽くたたく）、呼べないときは後ろから（ろうの声を真似して）「どみごーちゃん」とか。

私　ああ、うん。

K　で、その後、手話をガーッ（手話を立て続けにする身振り）とか。

私　（笑）

K　私は無視しているんだけど。絶対聞こえてるの。親は何回も言うね。私がもう「うるっさい！」と言って振り向くと、親は「それでね」とか。だいたい呼びかけのときに使う。

私　うん。

## 荒れた思春期、大学へ

このように、生活のなかにあたりまえにあった親の声に対して、自分は愛着を感じているんだとKさんが発見したのは、反抗期を過ぎ、大学進学のために親元を離れてからだった。

ちなみにKさんは、思春期のころは、自分の言いたいことをお母さんに伝えられず、ものすごく荒れた。しかも、高校は「聴者の世界」で「探り合いが多く」、「気持ち悪かった」。Kさんは、あまり学校にも行かなくなり、留年すれすれで、夜遊ぶ友達と会うようになっていった。「すべてのことを現実逃避して、親のせいにしていた」。

親にもいろいろひどいことを言った。でも自分では、この生活のままではよくないと思っていた。「親をもっと、人としてどう認めるか」が課題だった。

やがてKさんは、バイト先で知り合った大学生などと話をするうちに、「自分は今はすぐピリピリしてしまうけど」、「親を障害者としてじゃなくて、人として見られる勉強ができる」と思って、大学で福祉を勉強することを志す。そして、大学に行った。最終的に大都市の大学を選んだことについてKさんは言う。

「親元を離れたかったっていうのがあった。親のそばにいると、ついあたってしまって、いつもそのくりかえし。コントロールが全然できていなかった。やるべきことをやりたかった。離れて冷静にならないと。そのためには一人でいたいって思った」

**ああ、懐かしいんだな……**

そのようにして入った大学で、Kさんは、たまたま難聴の学生の声を聞く。そのとき「ものすごい懐かしさ」を感じた自分に気づき、自分が親の声に愛着を持っていることを自覚した。

K　「あ、愛着持ってるな、私」って思ったのは、やっぱ、大学入ってから。中、高と反抗期で、あまりろうの人と接しなくなっていって、大学でふっとろうの声を聞いたとき。難聴の子だったのかな。その子は、自己紹介させられた。その子だけ。あの、「聴覚障害あるんで、自己紹介してくださ い」って。

私　うわ。その子だけ。

K　「なんで一人だけ?」って思ったけど、その声聞いたときに、けっこうはっきりした発音だったにもかかわらず、ものすごい懐かしさを感じて。……勝手に手話できると思って話しかけていって、「ねぇねぇねぇ」って手話で話したら、「わたし、手話できないんですぅ」ってその声で言われて、「あ、ごめんごめん」とか言って。

私　ああ。

K　で、それからも、その子は私のことを「＊＊さぁん」とか言うんだけど……、言われて、懐かしい……懐かしいなぁって思って。目がもう、たぶん、輝いていた、彼女の前では。だから、彼女も、声をかけやすかったのかもしれない。

私　うんうん。

K　そのときに、「ああ、懐かしいんだな、自分にとって」って思って。だから、なんか、そういう、ろうっぽい声が聞こえると、ふっと見てしまう。

私　うんうん。

## 声、愛憎半ばするもの

以上がKさんの話である。このインタビュー当時、Kさんは二四歳だった。

コーダにとって、発音の不明瞭な親の声に対する思いは、愛憎半ばするものなのかもしれない。それは、聴者のなかでは、違和感を持って注目されてしまう声である。「手話はいいよ。問題は声」。そう言うコーダにも何人も会ったことがある。

私自身の経験から言っても、ろう者の声は、手話で話すということよりも、声を出さないということよりも、スティグマとして白眼視されやすいものである。コーダの子が、学校で、親の声を真似されたりするということも、たまにあるようだ。

しかし、その声は、コーダにとっては紛れもなく親の一部である。一般の聞こえる人と違うその声は、むしろその特徴ゆえに、自分の親とのやりとりのさまざまな場面を濃縮して思い起こさせるものとなっているのかもしれない。懐かしい匂いをかぐと、忘れていた思い出が鮮やかに立ち上がるのと同じように。

ろう教育でも、聞こえる人の世界のなかでも、ろうの声は、その発音の違いや明瞭かどうかだけを気にされすぎる。コーダにとっての親の声は、そういうものではない。Kさんの話からは、そうした親子のなかでの声の存在感が、立ち上ってくる。

# 4 思春期のコーダはなぜイライラするのか

思春期は、子ども期と大人期を結ぶ大切な時期とされている。大人に近づきつつある子どもたちは、友人関係や勉強に悩み、部活に打ち込み、恋愛を経験し、進路を考える。親や先生などに反発する一方で、同世代の仲間に認められることを求め、そのようにして、自我が確立されていく。それは、聞こえる親を持つ聞こえる子も同様である。

しかしコーダの場合、この時期は、聞こえない親の下で育ったということと、音声言語社会で教育を受け友達をつくってきたということが、経験や感覚の摩擦となって立ち現れてきやすい。それは、複数の言語や価値観にふれていることから来る、バイリンガル、バイカルチュラル的な問題でもあるのだが、思春期のコーダは、ともすれば、聴者社会の規範を親に求めてしまう。そして、親のことを「普通」と比べて評価できないと思い、そのことで自分自身も傷ついてしまう。

この章では、そんな思春期のコーダと親に焦点を当てて見ていきたい。

## 聞こえない親の不安

専門学校生と高校生のコーダを持つ難聴ママのZさんは、次のように語った。

思春期の子どもは、自分でもどうしていいかわからない思いがたくさんたまっている。だから、本当は、「聞こえないという状態で自分をここまで育ててくれてありがとう」という気持ちは持っているんだけど、それでも、親に対して心にもないことを言う。

### 憧れの先輩ママも迷う

Zさんは、私にとっては先輩ママの代表のような方だ。ご自分も仕事をしながら、お子さんが小学生の時にはPTAを五年もやったスーパーママ。お子さんの進路がある程度決まって、地域の活動も一生懸命やっているように見える。私が「〇〇さんでも心配なときってあるの?」と訊くと、「いっぱいある。今も迷ってる」と笑った。

私は意外だった。私には、Zさんとお子さんたちの親子関係がとてもうまくいっているように見えていたからだ。私はZさんと毎年一回会ってきたが、お子さんたちは、中学一、二年ごろまでZさんについて来ていた。二人はとてもしっかりしていて、しかもお母さんを慕っていた。

上のお子さんはあまり手話をしないけど、口を大きく動かして、ファッションのことやら学校の修学旅行のことやら、お母さんといろいろな話をしていた。下のお子さんは、手話も使いながら、ジョークを言ったり「＊＊買って～」とせがんだりしていた。「お母さん、お母さん」とZさんの目を見て話すお子さんたちを見て、「二人ともお母さんが好きなんだなぁ。私もこういうお母さんになれるかなぁ」と憧れた。私よりも先をいっている先輩ママとして、子どもが小学生になったらどんななんだろう？　保護者の活動ってどうなっているんだろう？　という思いで、毎年話を聞いていた。

**Z**　小学校になると耳年増になって、自分の家とお友達の家を比べるようになって、いろいろと無理難題を言う。

**私**　たとえばどんな？

**Z**　「友達の家では犬飼ってる。うちも飼いたい」とか。友達の家にはあってうちにはないものをいろいろと言うようになるけど、でも、振り返ってみると、小学生のあのころのかわいさはかわいさとしてあったように思う。九歳過ぎると、あまりいろんな話をしなくなる。親が訊くと、よけいに苛立たせる。

**私**　そういうときはどうするの？

**Z**　そういうときは、聞こえるお母さん友達に聞く。ろうの仲間に聞いても、みんな「わからない」って言っている。少なくてもいいから、聞こえるお母さん友達でしっかりと信頼できる人を持っているといい。

そういうものなのかなと思った。たしかに、似た年ごろの子を持つ聞こえるママ友や親戚とのつきあいがあると、聞こえる家の子でも思春期があるということを理解しやすいのかもしれない。「親が聞こえないから」ではなく、「そういう年ごろの子どもだから」反発するのだと、納得する部分もあるのだろう。

実際、聴者であっても、子どもが親に言うことが少なくなってくる時期、親同士の情報交換をすることはよくある。我が子の状況を間接的に知って、子どもの様子を注意深く見守るとか、子どもが話をしやすい雰囲気をつくるとか、親としての対応のとり方の参考にするということはあるらしい。しかし、それでも親は迷う。

Zさんは、思春期の子どもを持つことの思いについては、あまり多くは語らなかった。「こういうのは、うちの子に訊いたほうがよくわかると思う」と言っていた。それを聞いた私は、聞こえる親も聞こえない親も、この時期になると、この育て方でよかったのか、いろいろと迷うことがあるのだと思った。

## 脈々と流れる優劣の意識

私がそんなZさんの心の内を知ったのは、手紙でのことだ。そこには、きれいな字でZさんの思いが丁寧に綴られていた。

「あなたは私をかいかぶっていらっしゃる。私はあなたが思ってるような、賢い母親ではありません」

「私は知ってます。親が聞こえないということで、今まで真理恵や和樹（仮名）がたくさんの涙を流してきたということを。ふがいない親を持って、情けないと思ったことでしょう」

Ｚさんの手紙を読んで、私は最初、私や妹が大学、高校生だったときの母の姿を思いだした。子どもが親の下を巣立ち、夫婦が夫婦として向き合わざるを得なくなることから来る「空の巣症候群」。それは、心身の不調が出てくる更年期とも重なる。このころの母の姿にＺさんが重なり、それはいずれ自分も通る道なのだろうと思った。

しかし、何度も手紙を読み返し、思春期の子を持つデフママへのインタビューを重ねていくうちに、気がついた。たしかに「空の巣症候群」もあるだろう。更年期もあるだろう。でも、それだけではない。Ｚさんの内に、そしてコーダを持つ多くのデフママのなかに脈々と流れているのは、やはり、自分は聞こえず子どもは聞こえるという優劣の意識である。

それは、子どもに負担がかかっているのではという恐れでもあり、子どもには子どもの道を自由に生きてほしいという願望でもある。なおかつ、聞こえなさゆえの自分の不利な状況を子どもに愚痴ったり、この思いは聞こえる子にはわからないだろう、と思ったりしてしまうこともある。そしてまた後ろめたさを抱く。

## マイノリティの親の劣等感

こうした矛盾した思いがいろいろに吹き荒れてしまう背景には、親がその社会のマイノリティの立場に置かれ、さまざまな不利さを実感する一方で、自分のことをも評価しにくくなっているという構造が働いている。

思春期の子どもが「もう、お母さん、こんなことも知らないの?」と言うとき、聞こえる親は「え〜、知らないよ」で済むが、聞こえない親にはこの言葉が突き刺さる。それは、自分が聞こえないがゆえに、情報が不足しているのではないか、親として十分なことが子どもにしてやれていないのではないか、という不安が、心のなかにあるからである。聞こえない親は、それを乗り越えなくてはいけない。

あるインタビューのとき、思春期の子を持つデフママがご主人の話をしてくれた。ご主人は、文章チェックをしてくれた娘に「もう、お父さん、日本語も書けないんだから」と言われ、「バカでごめんね。でも、さやか(仮名)のこと好きだからいいでしょ?」と答えたそうである。そのデフママさんがこの話をしたのは、そして、この話が私に強い印象を残したのは、それが、聞こえない親がなかなかとれない態度だと感覚的に知っていたからだと思う。

たしかに、思春期の子どもを持つ親の悩みは、聞こえる人にも聞こえない人にも共通している面はある。しかし、だからと言って、「聞こえない親と聞こえる親は同じ」と安易に言ってしまってはいけない。

マイノリティであること、特に「障害者」として扱われることは、自分を重ねられるような前向きな「物語」があまり身近にないことを意味している。そのことが親にもたらす劣等感は大きい。

## 親をバカにされたくない

コーダを持つ親が自分のマイノリティ性を感じていく一方で、子どものコーダのほうは、小学生ぐらいから、まわりの人が親をどう見ているのかということを、少しずつ意識するようになってくる。

**O** みなさんがどうかはわからないですけれども、僕は、バカにされたくなかったというのがあって。

**A** あぁ。

**O** 僕ねぇ、あの、ほんとに、親にも言わへんのですけど、まわりは「あんたがしっかりせなあかん」って当然言うてくるじゃないですか。親が聞こえないから、「あんたがしっかりしいや」って、親戚も、おじいちゃんおばあちゃんも言わはるし、自分でも「そやそやそやそや」って思うけども。でも、それって「そやそや」って思うだけ。

で、一つのきっかけは、小学校二年生のとき。たまたまうちの父親のおじいちゃんが危篤になってしまって、まぁ、学校を休まなければいけないっていうときに、両親、「きとく」っていう言葉を知らなくて、僕に訊いてくるんですよね。もちろん手話では知ってるけど、それを日本語の言葉でどう表せばいいかわからない。で、僕も、小学二年のときに「きとく」っていう言葉を知らなくって、「そのまま『死にかけてるから』って書いたらいいんちがう?」って言って。で、すごくまじめに「死にかけているから休ませていただきます」って連絡帳に書いてもらって、それを友達に持っていってもらった。その後で、まぁ、担任の先生にちょっといろいろ言われて、「あぁ、これは僕が言ったことやのに、親がバカにされたんやろな」って思って。

それからは、だからもう、自分のやったこと＝親のやったことにもなるし、自分がちょっとでも変なことしてしまったら、「あぁ、あそこは親があぁだから」って言われるのが嫌で。……優等生にならざるを得なかったかな。

A　うちも、妹と私、やっぱり同じ感覚で。学級委員とかやっちゃったりとか、生徒会やったりとか。けっこう表は優等生なんだけど。成績も絶対「下」までいかない。ちゃんと「上」。最低でも「中の上」ぐらいキープしなくちゃいけないって、自分たちで決めてた。

O　そうそうそう。

A　ね。自分たちで決めて。「私らが成績よければ、絶対親が文句言われない」。

M　自分だけに返ってくるんじゃないっていうのがつらかったな。

O　「僕＝僕」じゃなくて、まわりは親を見ますよね。

M　私も、「あそこの親は聞こえひんし、しゃあないわ」って言われるのが……。

O　そうなるのが腹が立って。だからこそ、なんでもできるだけ自分でやって。

### 「普通」「常識」に敏感になるコーダ

コーダは、自分のやったことが自分だけに返ってくるのではなく、親までがいろいろ言われることになるのだと知ると、世の中の「規範」に敏感になる。

コーダの多くは、「親が聞こえないから」と言われることがあっても、それを親には言わない。それは、外の人から親を守ろうとする子どもの愛情でもある。たとえ言ったところで、それを直接聞いていない親は自分と同じようには憤慨しないだろう、という思いもある。

でも、こういう経験を通して、コーダは世間で「普通」とされていることに敏感になる。日本語。大人の言い回し。親が知っていて当然とされること。これらの基準を満たして「親が聞こえないこと」をカバーするべくがんばってしまうコーダもいる。そして、親に対しても、「普通はこうする」ということを細かく言うところも出てきてしまう。

コーダは、聞こえる聴者のやり方を「普通」と捉え、親を「基準を満たしていない」と取ってしまいやすい。「親が日本語の文章が苦手である」という認識は、しばしば「親は知的能力が低いのかもしれない」という解釈にすりかわる。言語の違いとしてではなく、能力の問題と感じてしまう。小さいころに日本語の言葉に苦労したコーダの場合には、親だけでなく、自分も能力が低いように感じてしまうこともあるという。

さらに、会話やものごとの進め方、立ち居ふるまい、といった文化の違いは、今度は「常識／常識に反している」の問題で捉えがちである。そこには、必ずといっていいほど、「本来はこうあるべき」という価値判断が含まれている。

聞こえる人の世界と聞こえない人の世界の力関係は、それぐらい、コーダの規範意識に強い影響を与えている。

## 外食が嫌い

今までのコーダとの会話において、「外食が嫌い」という話はたびたび耳にしたことがある。もちろん気にしないコーダもいる。でも、外で食事をするということは、まわりのお客さんやお店の人の目を気にしながら、親の立ち居ふるまいを意識せざるを得ない、微妙な機会であるらしい。

音を立てないで食べるほうが望ましいという規範を共有している他のお客さんの目があると、音についてあまり頓着《とんちゃく》しない親のふるまいが、よけいに気になって見えてくるようだ。フォークやナイフを使うときにキコキコうるさい。食べ物を嚙むときに「くっちゃくっちゃ」と音がする。

家ではあまり気にしないことであっても、よその人がいるとそれが気になる。より正確に言えば、ろう者についてよく知っている人のあいだでは構わないけれど、聞こえないことについてあまり知らない人の前では、親にそういう音を出してほしくないと思う。

「飴とか食べるときにも音出てる。そう言っても親はわからんから、やってみせる。私の飴の食べ方を見て親も同じようにやるんだけど、それでも『違う違う。音出てる』って」

### 「常識の問題」とは?

しかし、コーダが気にするマナーとは何なのだろう?

文化が違えば規範が違い、マナーも違う。たとえば、食べ方にしても、日本では味噌汁などのお椀を手にとって口に持っていくことはマナー違反でないが、韓国ではみっともない食べ方になる。お客さんの脱いだ靴を出口のほうに向けてそろえることは、日本では礼儀にかなっているとみなされるが、韓国では「帰れ」の合図になる。

同様に、音を気にするのは聴者の社会のマナーであって、ろう者同士であればそれは問題ないのではないか？　そう思って、質問してみたことがある。

「でも、ろう者とろう者が食べてたら、くっちゃくっちゃ音しててもいいわけですよね？」

そのとき初対面だった相手のコーダは、少し考えて、言葉を選んでこう答えた。

「聞こえる／聞こえないじゃなくって、常識の問題。大勢がこうするのが普通っていうときに、常識は身につけといてほしい、そう思うのが自然とちゃいますか？」

おそらくそのコーダにとっては、こうした思いが本心なのだと思う。常識。国語辞典で引くと、「常識」とは「ある社会で、人々の間に広く承認され、当然持っているはずの知識や判断力」とある（『大辞林』第二版）。大勢がそうやっているから、そのようにする。暗黙の了解でそうなっているわけだから、常識はいちいち説明されない。説明されないけれど、知っていて当然、わきまえていて当然とされる。

しかし、その社会でみんながそうしているということが広く知れ渡っていないときにはどうなるのだろう？

グローバル化が進み、国境を越えた人の移動がどんどん増えている今、日本社会で通用すると思われている「常識」は、解体が進んでいる。日本での生活年数が短い外国人も、海外で育った帰国子女も、そうした「常識」を知らないということは大いにある。それに、日本に住む日本人のあいだですら、「常識」が通用するとは限らなくなってきている。電車のなかで化粧や飲み食いをしないということは、かつては「常識」であったかもしれないが、もはや守られない光景もあたりまえになっている。

## 「ダーリン」とはどこの国の人？

「常識」をめぐる議論には、実は、その社会の〃上を見る目線〃〃下を見る目線〃が見え隠れしている。たとえば、マンガで流行っている『ダーリンは外国人』は、日本人の奥さんが、アメリカ育ちのダンナさんとの生活を描いたものである（一作目では恋人同士）。ダンナさんはふるまいや考え方が日本人とはやや異なるが、それは外国人であるゆえの、むしろ愛嬌としてすらとられている。

しかし同じ外国人であっても、工場労働に従事している中国人やフィリピン人の置かれている状況はどうだろうか？　時間の感覚の違いや働く態度の違いは、愛嬌どころか、しばしば摩擦となって問題視されている。

「普通と違う」と認識される状況は同じであるのに、なぜ片方は微笑ましく見られ、なぜ片方は「基準を満たしていない」という目で見られるのだろう？

それは、後者が、社会的経済的地位が低いとみなされてきたから。

そうなったのはどうして？

賃金の高い職業に就けていないから。

それはどうして？

その人の能力が評価されていないから。情報が入ってきにくいから。日本語の知識が十分でないから。

ここまで来ると、外国人労働者とろう者は、かなり近いところにある。

## コーダのジレンマ

マイノリティが「常識」を意識するのは、社会で力を持つ人たちのあたりまえに反することが、自分や身内が低く見られかねないというリスクにつながるからである。そして、ある意味それをマイノリティ以上に強く実感する立場に置かれているのが、コーダのような、多数派社会とマイノリティのあいだに位置している境界人たちである。

たしかに聴者社会では、音の使い方のルールが共有され、対人関係においてもそれが相手の印象を決める一つの要因となっている。でも、聞こえない親のほうは、どういう状況でどんな音をどれほどの大きさで出すことが適切なのか、どういう音が聞こえる人の注目を集めるのか、こういう聴者社会でのふるまい方を把握しづらい。さらに言えば、どういうときに音が出ているのかも、親にはわからない。

しかし、コーダが音について言うことは、聞こえない親が聴者社会の音の規範を満たせていないことを突きつけてしまう面も持っている。聞こえない親のほうも、聴者のやり方を「基準」と捉える感覚はあるので、コーダから指摘されれば、それを気にしないわけにはいかない。

結果としてコーダは、親がまわりから変に見られないようにという思いと、親を傷つけたくないという思いのあいだで、ジレンマに陥ることになる。

あるコーダは、アンケートで、「親が声を出して、そのときの聞こえる人のびっくりした顔を親が見ないように、気をつかった」と書いていた。また別のコーダは、「昔、両親と劇場に行ったとき、父親の呼吸音がうるさく、注意しようかどうしようか大変悩んだ。『息しないで』とは言えないしなぁ……」と書いていた。

息遣いや「ろうの声」、手話に伴う音（手と手がぶつかるときに出る音や、「パ」などの無声音）は、聞こえる人にとって聞き慣れない音なので、注目を集めてしまう。また、劇場や病室のなか、夜中といった状況では、ほかの空間や時間では気にしないでいい音が、大きく響いてしまうこともある。

しかし、聞こえない親の側に立ってみれば、それらは自然な状態で出している音で、コーダもそのことがよくわかっている。どんな音をどこまで規制するのか、コーダは悩む。

一方でややこしいのは、こうした規制は、親が社会のなかで変に見られることがないようにという親への愛情でもありながら、親に「こういうふうにふるまってほしい」という子どもとしての願望でもあることだ。親子としての感情は、微妙に絡まり合っている。

## 言ってもわからないだろう

音や立ち居ふるまいに関することは、ある意味、わかりやすいことではある。親は聞こえないから音に頓着しない、という因果関係がはっきりしているし、コーダがジレンマを感じたとしても、その状況をどうするかは、わりと一時的に過ぎ去る。

それに対して、「親には言ってもわからないだろう」という思いは、思春期のコーダのなかで、しばしば長引く。そうしたコーダの思い込みは、親とコミュニケーションをとれていない場合のほうが膨らんでしまいやすい。Kさんは、自分の思春期をお姉さんと比べながら語っている。

私は中高のころ、「言ってもわかんない」って思ってた。うまく伝えられない。お母さんが答えてくれるのは嬉しいっていうのはあった。でも、答えが違うときもある。うまく言えないとか「違う」って思いとかもあったけど、自分の手話の力もなくて、言えなかった。高校のときには、本当は、私の孤独をわかってほしかった。

大学に行くときのこと。お金どうしようとか、一人で考えていた。お姉ちゃんは言ってきてたみたい。親は、「あなたが言わなかったから」って言うけど、当時は自分は、「親は知識がないから精神的に自分が抱え込まなければいけない」と思っていた。

## 自分で抱え込んでしまう

うまく伝えられず、親のリアクションが自分の思いとズレてると失望し、「言ってもわからないだろう」と思って言えなくなる悪循環。こうなると、現実に親が対応できることであっても、コーダは自分で抱え込んでしまい、悩みを深めてしまう。

自分は、受験の知識がない親を、「わからない親」って思ってしまった。そして、世間と比べて、「足りないのかな」、「言ってもわかってもらえないのかな」って思った。それに、最初から説明しなければならないとなると面倒で、話すことすらやめてしまっていた。

でも、お姉ちゃんは、「わかりません」は「わかりません」でOK。お父さんは、「お父さんにはわからない。でも、学校の先生に聞いてもらいなさい」って言った。それでお姉ちゃんは、お父さんはわからないから答えはもらえないけど、どうすればいいかを教えてもらって、方法は得た。私は変な思い込みで、お父さんに「これを解けないいって言われたらどうしよう」って思ってしまって、言えなかった。お姉ちゃんは世の中と比べるんじゃなくて、「お父さんとお母さんはこうなんだ」って見ていた。でも私は、「こうするべき」「これは知っていなくちゃ」って思ってしまっていた。

## 手話ができないと親を過小評価してしまう

思春期のKさんをがんじがらめにしていたのは、世間と比べて「こうするべき」「これは知っていなくちゃ」という規範を親に強く求めてしまった自分の想いだった。大人になって手話を学び、親とじっくりコミュニケーションをとれるようになったKさんは、思春期を振り返り、自分が手話ができないことが親の話せることを少なくし、そのことが自分が親を過小評価することにつながっていたと感じている。

たぶん、私たち（コーダ）が手話ができることによって、親たちが話すことが変わってくるというのもあると思う。「そんなこと、お母さん、考えてたんだ」ってことを言う。

たとえば、仕事で行きづまったとき。お母さんに話したら、「お母さんも昔はガーッと言われてしまうことがあった。そういうときには、自分のなかに貯めておいて、要らないものは捨てて、要るものだけはとっておく」って。正直、お母さんがそこまで考えているとは思わなかった。お母さんがそういうふうに生きているとは思わなかった。

高校生のころ、お母さんは、手話のできない私に対して、私にもわかるような簡単な手話を選んで使っていた。本当にお母さんが言いたかったのは、「友達は影響されるから、友達選びは大事」ってこと。でも、私にもわかるようにとお母さんが表現した手話では、「昔の友達よかった、今の友達だめ」みたいになる。お母さんとしては、昔の友達がよい影響をもたらしていたことと、今は違うことを、例を出して比較しながら伝えようとしてくれたのだけど、私は、「昔はよくて今はだめ」と簡単に言われてしまったような気がした。だから反発した。

でも、私が手話がわかるようになって、親も変わってきた。話す内容が、幅広く、深くなっていった。もちろん、お互いが成長して、関係性が変わったというのもある。でも、私が手話がわかるようになったというのは大きい。それによって、お母さんは、言いたいことをもっと細かいいろんな手話を使って話せるようになった。

Kさんに限らず、手話を学んだコーダは、手話がわかるようになって親子の会話が広がったと感じることが多いらしい。言いたいことを言えるようになり、自分の訊きたいことを親から引き出すためにはどういう訊き方をすればいいのかもわかるようになる。また、手話を学ぶプロセスで、さまざまなろう者と知り合うことは、ろう者についての情報を得たり、親を客観的に見たりすることにつながる。

コミュニケーションが伝わるための手段として手話を学ぶようになったコーダは、結果として、親の言語やろう者社会の豊かさにも気づく目線も得ていくのだろう。

## 「物語」が変わるとき

これまで見てきたように、思春期のコーダが感じるズレの基本には「逸脱」と「普通」という感覚が強くある。

親が社会の多数派である聴者のやり方からズレるとき、思春期のコーダはそれを「とんちんかん」とか「常識が欠けている」と捉え、しかもそのことを気にしないではいられない。

「なんでこんなこともわからないの！」「これぐらい知っててよ！」

親が身近な存在であればこそ、「こうであってほしい」という理想をぶつけ、その理想と現実がズレていると、つい感情的になってしまう。

### 聞こえないことの捉え方が変わる

なぜズレが起きるのか、どうして伝わりにくいのか、その解決のためにはどうすればいいのか。

コーダがそのことを落ち着いて考えられるようになるのは、やはり思春期を過ぎてからのようだ。ふとしたきっかけで転機を持つようになったコーダは、聞こえないことについての解釈を変え、親に対する見方を変える。つまりそのコーダのなかで、ものごとをどう捉えるかに関する「物語」が変わる（※）。

Pさんは、自分の意識の変化を、次のように話してくれた。

聞こえない人は、情報が入らないから、ときどきとんちんかんなことをやったりすると、「何言ってるの？」って思ってしまう。子どものころは、「なるほど」で済んでいたことも、自分が成長してきちゃって、気になってくる。そういうわけのわからないところを「どうせ聞こえない人なんか……」っていうところはあった。

その後、それは個人の問題ではなくて、手話通訳を通して情報を得られる手段が整っていけば、聞こえる人と対等にやっていけることがわかって、変わってきた。手話通訳ってなんだろうとか、制度を使う意味を考えるようになった。制度を使えば、聞こえない人も対等にやっていける。

Ｐさんにとっては、大学で聞こえない学生と出会い、手話通訳やノートテイクといった情報保障の活動をするようになったことが一つの転機だった。聞こえない親には聴者社会の情報が入らないから、聞こえる人の想定と違うふるまいをしてしまったのであり、通訳を通して情報を得られれば聞こえる人と対等にやれると思うようになった。

※物語療法においては、「物語」が変わるこのプロセスは、自分が枠づけられていた物語（ドミナント・ストーリー）に対する新しい物語（オルタナティブ・ストーリー）の創生として説明される［野口 2002: 80–83; 浅野 2001: 152–160］。自己論について研究する片桐雅隆は、「過去の書き換え」という概念を使い、さまざまな転換点が個人誌を書き換えていくことに注意を促す［片桐 2003: 53–56］。

## お母さんは普通かもしれない

Kさんの場合には、転機は何段階かあった。まずは、高校の時に『ろう文化』の本を読んだこと、それから、大学で手話サークルに関わるようになったこと、そして、ろう者を対象としたサービスの仕事に就くようになったことである。

小さいころ、保育園かなんかで、親と一緒のハイキングというのがあって、お母さんがとんちんかんな行動に出たときに、「違うって」って恥ずかしい思いをした。それとか、お母さんが三者面談のときに先生に、「今の話に何の関係がある?」ってことを言ったりする。先生は私の成績の話をしているのに、「夏にキャンプに行くって言いなさい」とか。「言いたくないよ」って感じだった。お母さんなりの思考があって、そう言ってるんだけど。今の仕事をするようになって、お客様がお母さんみたいな捉え方をする。

手話サークルの懇親会で、料理をとる時に真っ先にろうのおばちゃんがとったときとか、「あ、お母さんと同じ」って思った。他のろうの人を聴者のなかで見ることができたとき、「あ、やるんだ」って。エビが一二本しかなくて、そのおばちゃんは、一人で二本とっていた。本人は、「あ〜美味しい。エビ好きなの」って感じ。たしかに、ろうだったら、事前に説明すると思う。「エビは一二本しかないので、一人一本ずつお願いします」って。それがないから、「とって、嬉しい」って感じ。ほかの聞こえる人は引きつってた。

『ろう文化』を読んで、よくわからないけど、お母さんは九〇%ぐらいの割合で「普通」らしいということがわかった。見方が変わってきた感じ。高校二年のときだった。『ろう文化』のなかで、木村さんの書いていた「ろうの民族誌」。ろうだったらこうするだろうっていうのが書いてあった。夜、ピンポーン、ピンポーンって来るとか。自分の生活のなかで目にしてきたことが、書いてあった。ろうはこうする、ああするってあったときに、自分が「恥ずかしい」って思ったことがそうじゃないってわかった。

親がろうだから、じゃなくて、お母さんにはお母さんなりの人生があって、それを見ていこうと思った。他の人はこう、じゃなくて。お母さんの立場に立ったときに、お母さんとしての気遣い方がある。

Kさんは、その後も何度も転機を持っている。今年の年賀状でも、Kさんは書いていた。「最近思うんです。私は親や主人がろうだから、まわりからはろう社会のことを熟知していると思われる。でも、私はそこまでろうの世界のことを知らない……というよりは、知らない世界が沢山ありすぎた……と。それがわかったら、私、とても楽になりました。色々あったけど、時が経つということはいいことと思える時があります」

**違いを説明する言葉と出会う**

Qさんは、「『ろう者にはろう者のやり方があって、それは悪いものではない』と知ったのは大きい」

と語り、次の話をしてくれた。

（両親と私の）家族三人でいるときには、鍋の蓋が落ちようが、バタバタ歩こうが、まったく気にならないのに、一人でも聞こえる人が来た途端に急に音が聞こえるようになる。母が「ドドドドドドドド」と歩く足音。結婚前の夫が来ると、「もっと静かに歩いてくれたらいいのに」って思った。急に「音」になる。親に「やめてほしい」って言っていた。今だったら、「本人聞こえていないんだから仕方がないでしょ」って笑って言える。夫も「文化の違い」ってわかってくれている。

聞こえない人が情報を得にくい背景や、聞こえない人を基準としたふるまいや話の仕方があるといった知識が増えるにしたがって、親に対する否定的な見方が消え、むしろ親へのサポートを心がけるようになったという話は、アンケートのなかでもいくつも見られた。

「一般の教育とろう者への教育方法が違うのだと本で読んで知ってから、必然のことだとわかったので、今は仕方ないことだと思っている。日本語の能力がないことがイコール学力のないということではないとわかった」

「いわゆる反抗期が過ぎ、また、ろう者の教育・言語背景に関する知識が増えたのに伴って、母親の常識のなさに対する反感は消え、今はむしろ、できるかぎりサポートしたいと思うようになった」

## 戦友、みたいな

今までの調査から考えるに、コーダが親が聞こえないことについての見方を変えるのは、コーダが自分の人間関係や体験のなかで、聞こえない人についての情報を得たときなのだと思う。それは、親やまわりから教え込まれるものではない。もしそれが教え込まれた情報だったら、逆にコーダは反発するだろう。むしろ、親と離れたところでコーダが自分で気がつくことだから、それが、コーダが親を客観的に見るきっかけとなる。そこに「物語」が変わる契機が潜んでいる。

あるコーダは、アンケートで次のように綴った。

「(親を)低く見ることを取ったら、母と父の個性が見えてきた。それは本当に素敵だった。私の戦友——すれ違いのつらさを一緒にすごしてくれた戦友？　みたいな、同志みたいな」

すれ違いのつらさ。コーダと聞こえない親の場合、お互いに伝えようとして伝わらないその苦しさは、聞こえる親と子よりも、聞こえない親と子よりも、ハードである。でも、なんらかのきっかけで、「物語」が変わるとき、共に味わってきたその苦しさゆえの絆が、逆に意識されるようになるのかもしれない。

# 5 コーダが語る親

この章では、二人のコーダの話を中心に、成人したコーダの親への思いを扱いたいと思う。

前半で取り上げる北田さんは、「手話サークルに行って手話を勉強したら？」というお母さんの言葉に背を押されるようにして、最初はしぶしぶサークルに行った。そうしたら、実は手話が魅力ある言語であることを発見し、そのままズボッとはまった。手話の勉強や通訳活動を熱心に始めた北田さんを見て、お母さんが大喜びするかと思えば、今度は「あなた、手話の活動ばかりで、結婚はどうなの？」。北田さんは、「もう、どっちなのよ！」と言いながら、ろう者のご主人と結婚して二人の子を持った。この手記は、北田さんが結婚間近から一人目のお子さんを持つまでのころに書き溜めたものから、一部を抜粋している。

後半は、阿部さんの話を通して、コーダにとっての親が亡くなることについて考えたい。私の親しくさせていただいているコーダのなかには、私と知り合ってから親を亡くされた方が三人いる。実は、北田さんも、二年前にお母さんを亡くされている。

大切な家族が亡くなるというのは一般的に考えてもつらい経験だが、コーダにとって、親がいなくなるというのは、その人の存在を根底から揺るがすようなショックになることがある。自分がものごころついて以来、自分にとってもまわりの人にとっても、常に目立つ存在として居続けた親が、突如としていなくなってしまう。「誰と話せばいいのか」。切実な問題として、そう語る人もいる。後半では、「コーダの会」の中心メンバーであった阿部さんの話に沿って、コーダの思いを見ていきたい。

# 「CODAとしての私の生い立ち」

北田美千代

私の両親の耳がほかの大人たちと違って不自由だと気づいたのは、私が小学校二年生のころでした。そして、親と会話をするのに、私の家だけ手話を使うことも……。

私は自慢ではありませんが、ある意味バイリンガルです。たとえば、英語を話す親と日本語を話す親がいたとしたら、その子どもが英語と日本語を話すように、私は手話と日本語を話すことができます。私のように、聞こえない両親を持つ子どもたちを、「コーダ（CODA：Children Of Deaf Adults）」と言います。

両親はろうあ者なので、私と弟は、生まれたときから親に手話で話しかけられていました。私たちはきっと、初めての言葉を手話で覚えたのではないかと思います。日常的手話はすぐに覚えたようで、まだ二歳、三歳の私たちが、小さな手を使って手話をする姿はまわりの大人たちをとても驚かせ、両親は、「手話を子どもたちに教えたの？」とよく訊かれました。よく考えればあたりまえなのですが、子どもが自然に母語を獲得するように、私たちは手話を獲得し、親とコミュニケーションをとっていたのです。

不思議ですが、声を出す／出さないも、自然に分けていました。親と話すときは声を出さず、聞こえる人と話すときは声を出していたのです。でも、幼いころは、同年齢の聞こえる子どもに比べて、やはり違いはありました。私が一歳半のころは、両親は私が同年齢の子と同じように、音声の言葉も習得していると思っていたそうです。子どもの声は聞こえないけれど、口を動かしているから、しゃべっていると思っていたそうですが、実際には、私は声を出していませんでした。

ある日、近所の奥さんが、一人で遊んでいる私に話しかけてきました。しかし、私は〝ゴクリ〟とうなずいたり、ニヤニヤ笑ったりという反応しか示さず、同じくらいの年齢の子と比べると少し発育が遅いように見えたそうです。近所の人は母に話をし、保育園に早く入れたほうがいいと勧めてくださったそうです。

私は今は聞こえない両親が誇りですが、小さいころには、「なぜ自分だけこんなに不幸せなのだろう」とか「きっと橋の下で拾われたのだ」と思ったりしました。

また、「両親の耳は本当は聞こえるのではないか」「私たちを厳しく育てるためにきっと嘘をついているのだ」と疑ったこともありました。母が後ろを向いているその背中に、「お母さん。お母さん？」と何度か話しかけたこともありました。でも、そのたびに「あ〜、やっぱり聞こえないんだ」とがっかりし、床をドンドンと叩いて母を呼んだものです。

それでも、いつか聞こえるようになるのではと思っていました。

小学校三年生と四年生のころだったか、七夕で笹に願いごとを書いた短冊をつるしました。私はその短冊に「両親の耳が聞こえるようになりますように」と二年続けて書いたのを、はっきり覚えています。でも、自然には治らないことを知り、それなら自分が大人になったらお金を貯めて両親の耳が聞こえるように手術をしようと思っていました。

でも、両親の耳が一生治らないと知ったのは、その後間もなくでした。

手話を外で使うと、子どもから大人まで、みんな私たちをじっと見ていました。あの目を、私は一生忘れないと思います。上目遣いで様子をうかがうような目……。私の記憶のなかの大人たちは、「冷たかった」イメージしか残っていません。やさしい人はいたはずなのに、やさしくされたことはあまり覚えていないのです。とにかく、じーっと変なものでも見るかのように見られる。そのことが、私にはたまらなく嫌でした。

そして、両親と健聴者の通訳をすることも、本当に嫌でたまりませんでした。小学生の私に難しい大人の会話の手助けをしろというほうが無理なのです。

しかも両親は、自分たちが聞こえないことを決して恥じていませんでしたので、堂々と手話を使います。納得できないことがあれば、とことん話したいと思っていたのでしょう。こう言いなさい。あぁ言いなさい。納得できない点を次々と質問してきます。

私が大人で分別も話術もあれば親を満足させることはできたかもしれませんが、小学生の交渉力には限界がありました。ですから、親のほうが話がわからないのだ、おかしな質問をしているのだ、おかしな話をしているのだ、と思わざるを得なかったですし、それ以上まわりに見られながら通訳をしたくなかったので、「もう終わり。無理。難しい」と言って、それ以上しませんでした。

そのたびに母は「もっと強くなりなさい」というような目をして、私を見ました。私は顔がかあ〜っと赤くなり、「だって、だって……」と心の中で叫びながら、こわばった表情で店を出ました。そういうときは、両親に対しての後ろめたさと、じろじろ見られた恥ずかしさ、いろいろな気持ちが複雑に絡み合っていました。

しかし、小さいころは、親と一緒に出掛けたりデパートへ行ったりするのがとても嬉しかったのです。洋服やおもちゃを買ってもらえたり、レストランに行けたりもしたからです。

でも、いざ洋服を選んでいると、店員が近づいて話しかけてきます。両親には店員の声など聞こえません。「着てみなさい。でも、サイズが大きいわね。小さいサイズがあるかどうか訊いてみなさい」と、手話で私に言います。それまでうるさく話しかけてきた店員はポカーンと口を開けてだまってしまい、困った様子で私たちを見ます。そして、気がつくと、あの嫌な目で私たちを見ているのです。私はそんな状況に我慢できず、恥ずかしさでいっぱいになり、「いらない、欲しくない、もう帰ろう」と言うようになっていました。

現在もそのデパートにはよく出掛けるのですが、今では、半分以上の店員が、積極的に身振りや手話で話しかけてきたり、「ありがとうございました」という手話表現をしたりしてくれます。そのたびに母は、「あら？　手話できるの？　勉強しているの？」と初心者の店員に話しかけていきます。母の笑顔につられ、店員たちは手話もわからないのに母と話しはじめます。そんな様子を見ると、本当に世の中が変わってきたなと思います。

私は、学校ではひどいいじめは受けませんでした。でも、たった一つだけ、今でもその光景をはっきり覚えていることがあります。それは、夕方の教室で、明日から家庭訪問という連絡を担任の先生がしているときでした。通路を挟んで左隣に座っていた男の子が、突然私に向かって言いました。

「おまえんちには先生行かねえよ！」

私は担任の先生が大好きだったし、先生が家に来ることがとても楽しみだったので、そんなふうに言われ、とてもびっくりしました。

「どうして？」と訊き返すと、その子は「おまえんちには行かねえんだよ」と何度も繰り返すのです。そしてそのうち、〝なぜかわからないなら教えてやるよ〟というように、「だっておまえの母ちゃん、耳聞こえねえから、先生と話なんかできねえだろう？」

少しニヤリとし、意地悪そうな顔をして、その子は私に言いました。

「来るもん！　だって去年も来たもの……」

私の声はだんだん自信がなくなり小さくなりました。

普段その子とは仲良く遊んでいたので、なぜそんな意地悪なことを言うのか、理解できませんでした。そして、そのとき初めて、自分の両親だけが聞こえないということを知ったのです。

学校からの帰り道、不安と悲しみはどんどん大きくなっていきました。家に帰ると、台所にいた母に尋ねました。

「先生、家庭訪問、来ないの？」

母は「どうして？」と訊き返しました。

「学校のお友達に、『お母さん聞こえないから、先生とお話できないから、来ない』って言われたの……」

母は家庭訪問の時間表を私に見せ、「ここに美千代の名前があるでしょう？　今年も来るから大丈夫よ」

優しく答えてくれました。

いつもなら、学校から帰ると元気いっぱいに外で遊んでいたりした私ですが、その日はずっと、部屋のなかで寂しそうにしていたそうです。母はそんな私の姿を見ていたたまれず、台所で泣いていたそうです。

母が台所で泣いていたことは、つい最近まで知りませんでした。ずっと自分だけが苦しんでいたと思い込んでいました。でも、あとになって、母は母で自分が聞こえないことで子どもがいじめられたことに、悩み苦しんでいたということを知りました。それを知って、また、胸がキュンと苦しくなりました。

母の話によると、一年生の家庭訪問のときには、近所に住む祖母に来てもらっていました。しかし、当時は通訳がいるわけでもなく、祖母も手話があまりできなかったので、先生と祖母が話した一〇分程度の内容は、「美千代ちゃんは、学校ではいい子だって。勉強も大丈夫だし、友達もたくさんできたそうだよ」。そんな簡単な説明で終わってしまいました。

母は、訊きたいことも訊けず、先生が言っていることもほとんど読み取れず、とても不満だったそうです。

それで、二年生の家庭訪問から、母は先生と直接筆談で話をしたいと考えました。母には文章力はあまりありませんが（ろう者は戦後きちんとした教育制度がなく、そのころ育ったほとんどのろう者は、読み書きが苦手です）、母は恥ずかしいという気持ちよりも何よりも、我が子を守りたいという気持ちに駆られたのでしょう。文章がおかしくてもかまわないと、母は先生が来る前に、自分の言いたいことと、訊きたいことを書いた三枚の紙を用意したそうです。

一枚目、二枚目には、「いつも先生にはお世話になり、ありがとうございます」や、「普段、娘は、学校でどうなのでしょうか？」など、どこの家庭の親も心配しているような内容が書かれていました。そして三枚目です。そこには、「娘がいじめにあったそうです」と書かれていました。

私は先生が家に来てくれたことがとても嬉しく、先生の顔や母の顔を見てニコニコしていました。しかし先生は突然、私に「学校で何か嫌なこと言われたの？　誰に言われたの？　どういうふうに言われたの？」と訊いてきました。私はまさかそんな話をするとは思っていなかったので、とても戸惑いました。

先生の一つひとつの質問にボソボソ答えだすと急につらくなり、涙があふれてきました。あの気持ちは、今でもどう説明してよいのかわかりません……。あのいたたまれない気持ち。親も私も悪くない、それは誰のせいでもない。でも親が聞こえないという事実がある……。受け入れなければならない事実。

小さい私が、自分が悪いかのように余計に小さくなって、先生にお話しました。事情を飲み込んだ先生は、座布団から降り、母と私に手をついて謝りました。

このころからです、親が聞こえないことで私が消極的になってしまったのは。まるで自分たちがダメな人間のように思えてしまったのは。

母はとても強い人でもありました。小さいころ、母とスーパーへよく買い物に出掛けました。私が小学校低学年のころ、ある日、どうしても買いたいお菓子があり、ぐずっていました。会計を済ませ買い物袋に物を詰めている母から、やっと百円玉をもらいレジに並んだところ、たまたま前に並んでいたおばさんが財布を落としたのです。私もそのおばさんのひじ鉄で、握り締めていた百円玉を同時に落としてしまいました。私はラックの下に潜り込んでしまった自分の百円玉を、やっとのことで探り当て、拾いました。するとその人は、「返しなさいよ。何なのこの子は？」と、私が握り締めていた百円玉をもぎ取りました。本当に「もぎ取る」という言葉通りにです。

私は何がなんだかわからず、とにかくお菓子が買えないのと、おばさんの怖い言葉に傷ついて、母のところへ戻りました。機嫌の悪かった母に「お菓子は？」「どうしたの？」と怖い顔で訊かれ、もじもじしながら事情を説明すると、「なぜ、きちんとその人に言えないの？」「どの人？」と、ものすごい勢いでその人に近づき、五分ほど言い合いをしていました。

もちろん、母からは筆談です。でも、そのおばさんは筆談を使いません。文句をずっと言っていました。でも、結局、母のしつこさに負けたのか、〝なによ〟という感じで、しぶしぶ財布から百円玉を出したのを、私は今でもはっきり覚えています。

そのときは、そんな母の行動が厚かましく、恥ずかしいと思っていました。でも今思うと、母がどんなに強かったか！　私たち姉弟が胸を張って生きていけるようにと、いつも守ってくれていたのだと実感します。

勉強やしつけも厳しかったように思います。〝ろうあ者の子どもだから勉強ができないと思われないように〟と、小学校に入る前から、お店で買ったドリルを、はたかれながら、泣きながら、毎日やりました。〝ろうあ者の子どもだからしつけがなってない〟と思われないように、「挨拶はきちんと！」と、耳にたこができるほどしつこく言われました。

なぜ、母は私にだけこんなに厳しくするのだろう？　弟には甘く、いつも「おやつ、おやつ」という弟に、お菓子を与え、かわいがっている……そう思っていました。

でも、母は私を強い人間にしたかったそうです。いつも泣いてばかりいた気の小さい私を、強い人間にしたかったそうです。

「聞こえないという障害は決して恥ずかしいことではないし、ろう者はレベルの低い人間ではない。普通の健聴者と同じなのだ」と、いつも言い聞かされていました。

そう言われていたころは、〝わかった〟とうなずくものの、やはりろう者は聴者には劣ると思っていました。しかし、手話の勉強を始め、たくさんのろう者に出会い、母の言葉をようやく理解できるようになりました。

父とのエピソードもあります。

小学二年のころだったか、父がこぐ自転車の後ろに私は乗っていました。あのころはよくあったらしいのですが、私は足を車輪に絡めてしまい、血がボタボタと流れるほど切ってしまいました。父は、そんな私を抱きかかえ、行き交う車に「病院へ連れて行ってくれ」と身振りで表現しました。そして、たまたま通りがかった車が止まってくれ、私たちを病院へ運んでくれました。手術台に乗せられた私は、泣きながら父の手をずっと握り締めていたのを覚えています。父も、がんばれがんばれと、ずっとそばにいてくれました。

見ず知らずの人に必死に助けを求めたことや、病院で私のそばにいてくれたこと、そして、助けてくれた人や病院の人とはきっと必死に身振りでコミュニケーションをとったのだろうと想像すると、温かい気持ちになります。


文章が母より苦手な父は、とても魅力的な手話をします。今までは、父の手話を見ているとリアルにいろいろなものが想像できて、なんだか下品で嫌だなと思っていましたが、まさしくその情景が見えるように表現する父の手話は、今、とても大切にされています。このような手話をする人は、残念ながら減ってきています。私はときどき実家に帰るのですが、父や母と話していると、「なるほど〜、こういう手話表現ね」とか「あ〜、今の表現いいなぁ」などと思います。たくさんビデオに撮って残したいと思っているのですが、なかなかタイミングが難しいです。

最近、両親は、地元で講演をしたり、手話を教えたりしているそうです。昔を考えたら信じられないことです。ろうあ者は、戦時中、きちんとした教育制度がなかったため、私の両親も読み書きが苦手でした。母は文章力をつけようとして、私と交換日記をして文章力をつけていました。他人から見たら信じられないかもしれませんが、小さいときから、母の手紙等の添削を私がしていました。そんな母が人前に出て講演をし、「いいお話だった。手話の勉強をしたい」と言われるようになるとは、夢のようです。

私たち姉弟は、小さいときにいろいろな経験をしたと思います。普通の子どもでは経験できないことを！　そして、父と母がものすごい愛情を持って私たちを育ててくれたのだなと感じます。

## 「親父が残してくれたもの」

### 阿部卓也さんの話

阿部さんは、男手一つで自分を育ててくれた父親を、三十代半ばで喪った。お父さんが亡くなった直後は、連絡やら親戚やら葬儀やら書類手続きやらが忙しく続いたが、それが一段落してからの三か月、阿部さんはできるだけ人と会わなかった。

もうコーダじゃない。もう手話もない。だって、親いないんだもん。何もやる必要がない。やる気もない。「終わったー」って思った。

阿部さんが手話をするようになったのは、手話を勉強すれば親父と話ができるようになるんじゃ……という期待からだった。

阿部さんのお父さんは、阿部さんに対しては声を使っていた。あとは、身振りとか、家族だけに通じる阿部さん家《ち》の手話（ホームサイン）だった。阿部さんのほうは、表情で話をすることが多かった。阿部さんは、自分は「『なに？』という手話さえ知らなかったから」と言う。

でも私から見ると、たしかに手の動きこそついていないけれど、この阿部さんの表情は、まぎれもなく、ろう者の手話の表情である。「なに？」という阿部さんの表情は、手の動きがつかなくても、「なに？」という意味として、ちゃんとろう者に伝わる。しかし、阿部さん自身は、「自分は手話を知らない」と思っていた。そして、初めて手話サークルに行ったとき、サークルのろう者から、「君はろう？」と訊かれたことを、不思議に思っていた。

実のところ、阿部さんは、手話に対しては、屈折した気持ちも持っていた。忘れもしないのは、高校の入学式のときだ。そのときに、お父さんが手話通訳者を連れてきた。手話をめずらしがって、ほかの人がみんな見た。「誰の親？　誰の親？」。阿部さんは恥ずかしくて、下を向いていた。「親父は、なんてことしたんだ」と思った。

阿部さんは、小学校、中学校は、地域の学校に通っていたので、友達もみんな、お父さんが聞こえないことを知っていた。阿部さんのほうは、家に遊びに来た友達が、「おまえんち、ピンポーンって押したらピカピカって光るなんておもしろいな」って言うのを聞いて、「普通あるだろ」って答えた。その後、クラスの子たちに聞いて、普通はないということを知り、だんだんと、親が聞こえないってこういうことなのか、と知るようになった。家に来た友達がお父さんの声を真似したときは、そのことをお父さんに言えなかった。

高校は、家から離れた学校で、誰も阿部さんの親が聞こえないということを知らなかったのに、その初日に、手話通訳者が来た。今では、お父さんが手話通訳者を連れてきたことの意味を理解しているけれど、お父さんが亡くなった今でも、そのときの恥ずかしいと思った気持ちは、しっかり残っている。

専門学校のときはバイトに明け暮れて、社会人になって働きはじめてから、生活時間がお父さんと重なるようになった。お父さんと顔を合わせて話をすることも増えて、話が通じないと思うこともたくさん出てきた。お父さんの言っていることはわかるんだけれど、それに対して、単語単語をつなげるだけでは、自分の言いたいことを伝えられない。特に、お父さんに誤解されて怒られたとき、「それは違う。本当はこうで……」と言いたい思いは頭のなかにあったのに、それをどう伝えればいいのかわからなかった。悔しかった。手話を勉強すれば親父と話ができるようになるかもと思い、手話サークルに入った。

最初のころは、阿部さんは、手話サークルで覚えてきた手話が新鮮で、お父さんに対しても使いまくった。たとえば、「大井町」という手話は、「大」「井」「町」の漢字を表す手話で表す。「大井町」「大井町」と、手話サークルで習ってきた手話を、得意そうにやってみせた。しかし、お父さんは「ん?」という感じで通じない。それで、人指し指を少し震わせながら後ろを指す表現で「大井町」と表した。それが、阿部さんの家族のなかで「大井町」を意味するホームサインだった。これをやったら、お父さんには一発で通じた。お父さん曰く「最初からそうしろ」。

結局のところ、阿部さんが手話サークルで覚えてきた手話に対して、お父さんはいい顔をしなかった。たしかに子どものころから、お父さんと阿部さんのあいだでは、人指し指の「大井町」でやってきた。

手話は習って語彙も増えたけど、結局親父と使う手話って、手話を習う前の手話と変わらなかった気がする。でも、親父と話が通じるようになりたいと思って手話を勉強しはじめて、そこでいろんなろう者と出会ったのは大きかった。親父みたいなろう者がいっぱいいた。

それまでの阿部さんは、お父さんが嫌いだった。「親父はこういう性格なんだ」と思ってた。普通に食器をしまうときにもガチャガチャ音を出していたり、興奮すると声がでっかくなったり。でも、手話サークルに出入りするようになると、そこで会うろう者たちも、親父と似ているところがある。

「これってろう者だから？」

いろいろなろう者と交流するうちに、それまでの〝イライラ〟が〝仕方ない〟に変わっていった。

阿部さんが子どものころから、お父さんは厳しかった。「ろうあ者の息子だからって言われないように」と、ごはんの食べ方なども厳しくしつけられた。

「飯食ってるマナー、俺、ほかの人から注意されたこと、一度もないもんね。もし一緒に魚食べたら、俺、きれいよ～」

こう阿部さんは言う。でも、お父さんが阿部さんの食べ方を注意できなかったことが一つだけあって、それがものを噛むときの音だった。

「コーダ同士でごはんを食べてて、＊＊さんが、『阿部くん、コーダだね』って。おいらの食べる音が〝くっちゃくっちゃ〟と出てる。これだけは、親父も注意できなかった」

お父さんが亡くなって、「終わったー」と思った阿部さんは、それから三か月、手話サークルにも行かず、コーダにも会わないで過ごした。「もう手話も必要じゃないし」と思っていた。その三か月間は、阿部さんにとってとても長く感じられ、三年も四年も経ったような気がした。

三か月経ったころ、阿部さんは以前、阿部さん自身が立てた企画の打ち合わせのために、コーダの会のメンバーと会わざるを得なくなった。

「コーダの会」の企画、誰もおいらに代わって進めてないの。あと二週間しかないのに、なんにも決まってない。「だって卓ちゃんいなかったから」って。ありえないでしょ。

それで、「コーダの会」のみんなと会った。会ったら、よみがえった。いいわぁって思った。居場所っていうか。「なんで〝終わった〟って思ったんだろう?」って。でも一方で、「終わりなんだから終わり」という思いもあって。もうコーダでない自分がコーダのみんなといるというか。そういう感じはあって。でも、あの連中としゃべっていて、そんなこと、どうでもいいやと思った。

阿部さんは、コーダの友達と会ったことがきっかけになって、手話サークルにも行ってみようという気持ちになる。そして、手話サークルに行ったとき、阿部さんを待っていたのは、「来た〜! やっと来た〜!」というサークル会員や、「心配してた」というろう者の言葉だった。

ふたたび手話サークルに行くようになって、阿部さんは、自分がそれまでの三か月、落ち着いていなかったことに気がついた。何かがおかしい。無理をしていた。

お父さんが家にいたころは、阿部さんは自分から発信することは少なくても、お父さんの手話(ホームサイン)を見ているという受信があった。その受信がなくなってしまった。手話サークルにも「コーダの会」にも行かなかった三か月間は、手話に接する機会がまったくなかった。「性欲を我慢しているみたい」で、なんだか落ち着かなくて、変だった。

コーダやろう者と会って調子を取り戻した阿部さんは、自分とお父さんをつないでいるものに意識を向けるようになった。

親父が残してくれたものってなんだろう？　って考えた。それは、コーダの集まりと、手話だった。そして、ろうあ者に目を向ける考え方だった。

阿部さんは、通訳をした経験がほとんどない。阿部さんが子どものころには家に電話はなく、お父さんは近所の人のところに行って、電話をかけてもらっていた。「ピンポーン」って人が来たら、必ずお父さんが出た。玄関のところには、筆談用のメモがたくさん置いてあった。役所関係の書類も、いつもお父さんが役所に足を運んでいたから、お父さんが亡くなったときには、「〇〇さんの息子さん」ってことで、役所の人たちが本当に丁寧に応じてくれた。

家事も全部お父さんがやって、阿部さんにやるように言うことはほとんどなかった。働いて、家計をやりくりして、子どもを学校に行かせて、家事をやって……聞こえる人でも大変なことなのに、ろう者のお父さんがそれをやってくれた。

「親父、すげぇなぁ」

阿部さん自身は、お父さんがそのようにして自由な時間をくれたから、自分はコーダの友達にめぐり合うこともできたし、ろう者の友達と遊ぶこともできた。

全部親父が与えてくれたものなんだって。全部親父につながっている。「終わった」って言ってしまうことは、それを捨てることになる。そんなことはしない、と思った。

阿部さんは、「悔しいから手話をするんだと思う」と言う。親が聞こえないのは仕方がない。親も、聞こえたほうがよかったって思っていたかもしれない。でも、聞こえないからってことで起こる差別は許しちゃいけない。その思いは、阿部さんの気持ちのなかに今も強くある。

# 6 コーダのつながり

最後の章では、コーダ同士のつながりについて取り上げたいと思う。日本で、初めて「コーダの会」がつくられたのは、「ろう文化宣言」が発表された一九九五年である。現在では、口コミやメーリングリスト、ミクシィを通じて、「コーダの会」に関わる人は少しずつ増えており、二〇〇九年八月の段階では、メーリングリストに登録されているアドレス数は六四になっている。「コーダの会」では、月に一回程度の割合で、東京や横浜を中心に、コーダが集まって話をする集まりや飲み会が開かれている。

コーダ同士の話のなかで、個々のコーダは、自分の記憶をどのようにたぐり、自分をどのように位置づけ、自分の思いを語るようになっていくのか。最終章では、そうしたコーダの語りが紡がれる営みを、丁寧に見ていきたい。

## 「コーダの会」

個々のコーダにとって、自分以外のコーダと話をするというのは、どのような体験なのだろうか？
Iさんと J さんのきょうだいは、初めてコーダの集まりに出て、自分の家だけだと思っていたことを他のコーダも体験していると知ったときの驚きを、次のように語った。

**I** その（「コーダの会」の旅行の）一か月前の飲み会で。なんの話だったっけかな、ああ、そうだ、親と自分との携帯のやりとりで文章がおもしろいとか。どうしてここでこういう絵文字を使うの？ とか。うちだけだと思っていたことが、この人もこの子もこの子も経験しているんだっていうことがわかって。これがコーダ同士のあれなのかなっていうのに初めてそこで気がついて。で、（「コーダの会」の）旅行のときも、よく親が靴下とか履こうとするときに、「う～」って唸るような声がするんですよ。それに似たような話を××さんか△△さんがしたんですよ。「それってうちもよくやるんだけど」「あれ、なんか、ろう者の特徴みたいよ」っていう話になって、すごい衝撃だった。

**J** あれ、絶対うちだけだと思ったもんな。靴下履くときに「う～」とか。また唸ってるよとか。

**I** それで、自分にしかわからないと思っていたことが、コーダの人たちにはわかってもらえるのかなとか。

## 観光せずにしゃべりっぱなし

姉のＩさんからこの話を聞いたＪさんも興味を持ち、自分も「コーダの会」に出入りするようになった。

このように、他のコーダの話を聞いたり、自分の話に対する他のコーダの反応を見たりして、聞こえない親との生活のなかで似たようなスタイルがある、と感じたというコーダは多くいる。生活のなかでの些細なことに関する話題は、学校などで出会う聞こえる友達には話す機会がなく、たとえ話したとしても、「ふぅん、そうなんだ」で終わってしまう。でも、コーダ同士の話では、「あ、うちもそういうのある」「うちもそうだよ」と次々とつながっていく。

この旅行企画のときも、その盛り上がりたるや、すごかったようで、一泊二日の京都旅行でまったく観光をしなかったらしい。東京から新幹線で京都駅に着いて、「とりあえずお昼を食べよう」って話して、次に気づくと、「あ、もう五時」。それで、夕食を食べて、またしゃべって、もう夜中。それで、朝になり、昼になり、帰りの時間になってしまった。本当に、京都駅近辺のごく狭い範囲で「ここで昼ごはん」「ここで夜ごはん」「ここで朝ごはん」と動いただけで、後はしゃべりっぱなしだったという。夜も、誰も寝ようとしない。もっとおもしろい話が出てくるかもしれないから、と言って起きている。

## 私って変じゃないんだ

こうした盛り上がりは、この旅行だけでなく、「コーダの会」にかなり広範に見られる特徴であるらしい。私がときどき参加させてもらうコーダの飲み会も、あっという間に時間が過ぎ、いつも帰りは終電ぎりぎりだ。海外の「コーダの会」の発表を聞いても、「コーダ・インターナショナル」のDVDを見ても、やはり似たような熱気を感じる。

実際、会って一〜二回もすると「昔からの友達」という気になるという話は、何人ものコーダが語っている。「中高ずっと一緒の友達でも、こういうふうにはならない」と言う。私のおこなったアンケートでも、以前、「自分以外のコーダと話すことは、自分にとってどういう意味がありましたか?」と尋ねてみたことがある。返ってきた答えでやはり多かったのは、「安心する」「仲間意識がある」「自分を振り返るよい機会になった」というものだった。

- 同じようなバックグラウンドを持つもの同士なので、なんとなく……ものすごく近い存在の人たちと接しているような気がして……安らぐ。
- 自分で「私って変かも?」と思っていたことが、「コーダだから」だとわかり、自分を好きになれた。また、自信が持てるようになった。
- 妙な嬉しさがあった。学校の友達とのあいだでは決して話に出なかったような些細なトピックを共有でき、わかり合えることが素直に嬉しかった。「ほかとは違う」という意識が薄れていくような気がしたかもしれない。
- 同じ体験をした人たちと会うことで、普段味わえない「共感」を得ることは大きかった。
- 自分は特別じゃないんだとホッとしたし、ちょっと前の自分を見ているようで恥ずかしくなるときもある。

・ホッとする。楽しくなる。おもしろい。勇気が出る。がんばろうって気持ちになる。がんばれって気持ちになる。励みになる。むかつくときもある。とにかく自分のいろんな感情が湧き起こる。
・コーダでもいろんな状況の人（手話の理解度、両親との関係、親が聞こえないということから生まれる社会の見方など）がいることを知り、自分もその一部であると感じた。

### ろう者に比べてコーダはつながりにくい

ろう者にはろう学校のつながりがあり、職業訓練センターや地域の聴覚障害者協会（ろう協）などでも、お互いに出会う機会を持ちやすい。しかしコーダは、聞こえる人の世界のなかでバラバラに生活している。

ろう者や手話に関わらない生活をしているコーダの大半は、「コーダ」という言葉も知らず、そこに共有する体験や独特の文化があるという意識も持たないまま、自分と親との個人的な関係を生きている。ろう者や手話に関わっているコーダの場合でも、それぞれの地域ではあまりコーダと出会う機会がなく、さまざまな折に「自分はほかとは違う」ということを感じている。

だから、聞こえない親を持つ聞こえる人と出会い、話をするようになると、相手の経験のなかに自分と似たような点を見つけ、急速に親近感を持つのだろう。

## 親を通じたつきあいからの離脱

前項では、コーダはそれぞれがそれぞれの世界で生活していると書いたが、正確に言えば、多くのコーダは、幼いころには他のコーダと会った経験を持っている。それは、親を通じたつきあいである。ろう者同士のつきあいは濃く、今のように携帯メールやファックスが普及する前には、とにかく顔を合わせて話をするというのが、ろう者の人づきあいの基本だった。通信技術が発達した今日でも、ろう者の世界では、何よりも対面でのコミュニケーションが好まれる。

コーダも子どものときには、そうした聞こえない親に連れられて、ろう者の集まりに行ったり、ろう者同士の旅行に行ったり、親の友人の家に行ったりしていた。そして、同じように親に連れられてきた他のコーダの子どもたちと、よく会っていた。

親は親で手話での話に盛り上がり、コーダの子どもたちは大声をあげながら、子ども同士、はしゃいで遊ぶ。一般の聴者のあいだでも、子連れの友達同士で会うと、大人は大人の世界、子どもは子どもの世界に分かれ、それぞれが同年代との時間を楽しむが、それと同じような光景が、コーダと聞こえない親の場合にも繰り広げられていた。

### 会いたいけど相手はイヤかな

しかし、幼いころはこうした親のつきあいに付いていっていた子どもたちは、大きくなるにつれ、自分自身の人間関係を持つようになり、親を通しての集まりにあまり顔を出さなくなる。次のQさんの話は、その典型である。

小っちゃいとき、いつも遊んでいたコーダの子たちの仲間七人。ろうの集まりがあるというと、またあの子たちと集まるんだって思った。いつも一緒だった。小学校高学年ぐらいから、もう、あまり親と一緒には来なくなった。その後も親同士は話をして、誰々はどこの高校に行って、大学に行って……って話は聞いていたけど、全然会っていない。

このインタビュー当時、Qさんは他のコーダとのつきあいはあまり持っていなかった。Qさんは、実家でお母さんと話したとき、昔一緒に遊んでいたコーダの子たちはどうしているのかを訊いたという。

なかには、市議会議員さんのお嫁さんになった人もいた。請われていったらしいって。その話を聞いたときは感慨深かった。どうやってみんな今まで生きてきたのだろうか。それを知りたい。何かを決断するときに、コーダであるということに直面した時期があったはず。

Qさんは、幼なじみのコーダたちに「話に行ってみようかな?」と思う一方で、「でも、相手はイヤかな?」と迷う。

相手のコーダたちにしてみれば、その人たちの今の生活と手話やろう者の世界は全然関係ない。七人のコーダのなかでも、手話通訳までいったのは自分だけである。しかも、親はろう学校の先生をしていたし、手話関連の活動も熱心だった。そういう意味で、親は、ろう者のなかでもろう者らしい存在だったし、おまけに自分は手話通訳までやっている。こういう「ろう者にとってのいい子ども」である自分が聞きに行くのは嫌かな？

Qさんは、そう思い、まだ会いに行っていないという。

### 一人でがんばってしまう

Qさんの話からもわかるように、子どものときにはコーダ同士で遊んでいても、コーダであることの意味について話をする機会は、ほとんどない。しかし、自分は何者かを考えるようになる思春期、そして、住む場所や職業を決め、新たな家族を築いていくその後の時期において、聞こえない親の下で育った自分について見つめ直す契機は、人それぞれあるようだ。

思春期のコーダの多くは、日々の生活のなかで、自分をすぐ重ねられる話を聞かない。聞こえる友達とその親の話を聞いても、テレビドラマなどで描かれる親子を見ても、自分とは環境が違いすぎていて、「あぁ、自分だけじゃなくて、みんなそうなんだな」と思えるまでの道のりが遠い。

もちろん、コーダも五十代、六十代になれば、「人間みんな似た部分がある」と達観できるところも出て来るようだが、十代、二十代の若者にとっては、聞こえない親の下で育ったということと、聞こえる親の下で育ったということは、大きな違いとして認識されている。

一般論からいっても、十代の子どもの人間関係において、自分の生まれ育った家族というのは、まだかなり重要な位置を占めている。しかしコーダの場合、その家族についての話をあまり外でする機会がない。たとえ友達に話したとしても、相手は、自分が家族のなかで見聞きしてきた話を、同じような熱さでは共有してくれない。ときには、「大変だね」という話になってしまうこともある。結局、コーダは、他人の話に自分の体験を照らし合わせてその意味を確認する機会を持たないまま、一人でがんばって試行錯誤することになりやすい。

## ロールモデルがあれば

こうした試行錯誤が個々のコーダにもたらすある種の「強さ」はあると思う。自分でやるしかないという覚悟、人にはわかってもらえないという割り切り、さまざまな思いを自分のなかに留めおく我慢強さ、人に頼らず自分でがんばろうとする力、自分の選択の結果をきちんと受けとめようとする責任感。これは、やがては他人からも評価されるようになる力である。

しかし、コーダがそれを身につける時期は他の子よりも早く、小学生から中高生にかけての時期であるという点については、注意が必要かもしれない。十代というのは、多くの場合、まだ周囲の大人の姿を見ながら、さまざまな予感を頼りに歩んでいく時期である。

「こういう仕事をしている人がいる」「こういう結婚をしてこういうふうに子どもを育てている人がいる」「これなら自分にもできるかもしれない」

そうした身近な予感を持てることが意味を持ってくる。

このときに、自分を重ねられるロールモデルがあれば、先輩コーダからのちょっとした一言があれば、コーダは十代から一人でがんばらなくても、もう少し肩の力を抜いて、この時期をやりすごすことができるように思う。

# アメリカのコーダの語りと日本のコーダの語り

コーダたちが自分のことをどう語るかは、当然のことながら、そのコーダが生きている社会の影響を大きく受ける。ここでは、一つの例として、私が見聞きしてきた日本のコーダたちの語りと、『聞こえない親をもつ聞こえる子どもたち』のなかで紹介されているアメリカのコーダたちの語りを比べてみたい。

## アダルトチルドレンとしてのコーダ

アメリカでは、コーダが自分の話をするとき、心理学の用語がよく使われるらしい。『聞こえない親をもつ聞こえる子どもたち』の著者のポール・プレストンも、アメリカのコーダたちは、自分の体験を「アダルトチルドレン」の体験に重ねて語ることが多かったと書いている。そうしたアメリカのコーダの語りのなかでよく出てきたのは、「共依存」や「機能不全」、「(自分と他者を分ける) 境界」という心理学の用語だった。

「アダルトチルドレン」というのは、もともとは「アルコール依存症の親のもとで育ち、成人した人々＝Adult Children of Alcoholics」を指す言葉だ。その後、この言葉が意味する範囲は広がって、「子どもの成育に悪影響を与える親のもとで育ち、成長してもなお、精神的影響を受け続ける人々」をも指すようになった。

「機能不全家族」というのは、子どもが心理的に育っていくための機能を果たせない状態の家族で、こうした家庭がアダルトチルドレンを生み出すとされている。「共依存」は共に依存しあうという意味で、自分に依存してくる人に対してきちんと境界線を引くことができず、自分個人という意識や自信がなくなってしまうことを指す。

プレストンによれば、アメリカのコーダたちは、親をかばったり、自分の家庭が機能するように大人としての責任を負ったりする点で、コーダはアルコール依存症者の親を持つ子どもに似ていると感じ、こうした言葉を使ったらしい。

しかし日本では、たとえコーダが体験していること自体はアメリカのコーダと似ていても、語りのなかで使われる言葉が違う。

私が今までさまざまなコーダと話をしてきた限りにおいて、日本のコーダたちが「アダルトチルドレン」や「共依存」という心理学用語を使ったことは一度もない。それは、「ろう文化」や「バイリンガル」「マイノリティ」などの言葉がよく使われることと対照的だ。この日米のコーダの語り方の違いは、どこから来ているのだろう?

## 心理学的な解釈をされなかった日本

考えられる理由の一つは、日本とアメリカのコーダの身近にある「物語」の違いだ。

日本では、「コーダ」という言葉は「ろう文化」の考え方と一緒に紹介されたので、当然、「文化の違い」という説明がコーダの体験を語るときに多く使われるようになった。

また、テレビの影響も大きかった。日本のテレビでは、過去一〇年、「聞こえないこと」や手話が、若者の恋愛を中心としたストーリーに沿って、明るく好意的に描かれてきた。「星の金貨」「愛してると言ってくれ」「君の手がささやいている」「オレンジデイズ」「ラブレター」など、各テレビ局はかなり力を入れて手話ドラマをつくっている。テレビの空間で見る限り、手話や聞こえない人の家族のイメージは、「ハンディにめげない」芯の強さとほのぼのとした温かさで描かれることが多く、「虐待」や親の問題行動を衝撃的に描きがちな「アダルトチルドレン」や「機能不全」の「物語」とは一線を画していた。

さらに、日本でも『永遠の仔』をはじめとする心理ものやトラウマブームは起きたが、それでも、後に見るような文化的背景の違いもあり、「共依存」という言葉はそんなに大衆化しなかった。使われるとしても、それは、アルコール依存症者やギャンブル依存症者の夫婦関係などに限られていた。そのようなことから、日本では、「アダルトチルドレン」や「機能不全」とコーダの家庭が結びつきにくかったのだと思う。

一方、アメリカでは、一九九〇年代前半に、日本でいえばNHKにあたるような公営テレビで、「機能不全家族」を扱ったシリーズ番組が数年間放送された。それらの番組では、「機能不全」の家庭で育った人たちの体験が取り上げられ、一般の人も参加する公開討論と簡単な心理学の説明を使って、その人たちがさまざまな状況でどう対処してきたかが論じられた。その番組を担当していたのは、ジョン・ブラッドショウ John Bradshaw という有名なカウンセラーだった。

プレストンは、アメリカのコーダたちが、このテレビ番組にふれたり「アダルトチルドレン」の自己啓発本の話をしたりすることがよくあったと書いている。プレストンは、アメリカのコーダたちも親を大切に思っていて親をかばおうとしているのに、なぜ否定的な意味合いを持つ「共依存」という言葉を使って自分の体験を語るのか、疑問に思った。そして、コーダたちがどのような意味で「共依存」という言葉を使っているか、さらにこだわって調べた。

その結果、見えてきたのは、アメリカでは、「共依存」という言葉が、コーダの家族の体験を世間の人たちにわかってもらえるようにするキーワードとして使われていたということだった。

そして私が自分や家族のことなどを話し終わると、皆わかってくれた……。皆自分の家族に似ていると言ってくれた。うちの家族が聞こえないのは問題じゃないって。私たちは皆、共依存者だった。

［Preston：1994＝2003:247］

## 「共依存」――日米の違い

アメリカでは、「共依存」という言葉を使うことで、コーダたちは、自分の家族の話を友達やまわりの人にわかってもらいやすくすることができた。そのため、コーダたちは、この言葉をよく使っていた。

しかし、おもしろいのは、この「共依存」という言葉をめぐっては、日米の価値観の違いがはっきりと出てくることだ。「自立した個人」に価値を置くアメリカでは「依存」をマイナスに見るが、日本では、助け助けられるといった関係がプラスに見られる。

「共依存の社会学」を書いた野口裕二氏は、次のエピソードを紹介している(※1)。

ある日本の心理学者が夫婦関係を測定する尺度を開発してその日米比較を計画した。尺度を英語に翻訳してアメリカ人の研究者にみせたところ、そのアメリカ人はこう質問した。「これは何の病理の尺度ですか? 共依存?」

いうまでもなく、日本文化においては良好な夫婦関係を意味する項目が、アメリカ人には、共依存の病理に見えたというお話である。

[野口 1996:158]

日本では仲睦まじくて好ましいとされる夫婦関係が、アメリカでは依存しあっている病的な関係ととられてしまうのだから、明らかに価値観が違っている。

実のところは、アメリカでも、ほとんどの人が「共依存」の状態に当てはまってしまうという見方もあるようだ。それでもアメリカでは「依存」をよくないと捉える規範があるため、そうした状態を超えなくてはいけないと考える。しかし日本では、もともと社会の規範が「共依存」的なので、日本の臨床の専門家たちも、あまりそれを病的に見ない。だから、親子が協力し合っていることもプラスに見られ、日本のコーダたちもそれを病理として語らない。

このように私たちは、自分が接するまわりの人とのやりとりや、テレビやメディアなどで発信される「物語」の影響を受けていて、自分の経てきた体験の意味づけもそのなかでおこなわれている(※2)。それは、コーダたちも例外ではない。だから、コーダたちの語りも年を重ねるにつれて動いていくし、聞こえない親や家族と過ごした時間をどう思い出すかにも、そのコーダの現在のものの見方が深く関わっている。

アメリカのコーダの語りと日本のコーダの語りの違いは、そのことをよく表している。

---

※1この論文の引用にあたっては、『アルコホリズムの社会学――アディクションと近代』の第九章に再録されたものを用いた。

※2井上俊 1996「物語としての人生」でも、私たちが自分の物語を作るときには「他人の作った物語」が重要な役割を果たすことが指摘されている。「他人の作った物語」は二種類に分けることができ、一つは、まわりの人とのやりとり（「相互作用要素としての物語」）、もう一つは、メディアなどを通じて発信される物語（「文化要素としての物語」）である。

## セルフヘルプ・グループとしての「コーダの会」

日本では、コーダがコーダと出会う場として、「コーダの会」の存在が少しずつ知られるようになってきている。ここでは、親が聞こえない人が集まって話をする。同じ立場の人の話を聞くという意味では、「コーダの会」はピア・カウンセリングの場になっているとも考えられるし、それが肯定的な結果につながることを思えば、セルフヘルプ・グループ（自助グループ）という側面も持っていると言えるだろう。

### 注目されるセルフヘルプ・グループ

セルフヘルプ・グループに対しては、近年、医療や看護、福祉に関わる人たちからも、熱い視線が向けられている。

セルフヘルプ・グループの原点とされているのは、「アルコホーリクス・アノニマス＝AA：Alcoholics Anonymous」という団体だ。「アルコホーリクス・アノニマス」では、お酒をやめたいと思っている人たちが来て、「言いっぱなしの聞きっぱなし」というルールで話をする。医療ではアルコール依存症から脱却できなかった人たちが、同じ立場の人たちとふれあうことを通してお酒から距離を置き、肯定的な自己イメージを持つに至る。同じ治療目的を持つ人たちが集まって相互に支え合うこうしたセルフヘルプ・グループは、専門家と患者の関係を打ち破る対等なケアのあり方として、ケア業界でも盛んに研究されるようになってきている。

しかし、日本の「コーダの会」をセルフヘルプ・グループと呼ぶことについては、私は正直、ためらいもある。少なくとも、今の日本の「コーダの会」を見る限り、それは、治療や何かの解決を目的とした集まりではない。もともと手話関連の組織に関わりを持っていた一部のコーダたちが、手話のつながりのなかで「コーダの会」の存在を知り、「どんなところなのか?」と興味を持ってくるという感じに近い。もちろん、来れば楽しい話が多く、コーダ同士盛り上がるので、どんどんリピーターになっていく人もいるのだが。

### 話すことで得られること

ただ、目的は明確でないにしろ、結果においては、コーダはセルフヘルプ・グループと重なるところはかなりある。

たとえば、『セルフヘルプ・グループの理論と展開』という本のなかでは、セルフヘルプ・グループの相互援助がどう機能しているか、六つの点が示されている。この本によれば、セルフヘルプ・グループのメンバーは、セルフヘルプ・グループに参加することで、
①同じ問題を抱え、それだけに共感もしてくれる仲間を発見する。
②問題状況を捉え直すイデオロギーを獲得する。
③安心して自分の体験を語ると同時に、同じ体験を持つ者だからこそおこなえる相互批判の場を供

せられる。

④同じ問題を抱えながら成功したり、日常生活をうまくこなしている多様な生きたモデルに触れる。

⑤体験の交換のなかで、日々の問題に対する効果的な対処戦略を身につける。

⑥グループを離れた場面でも力となる仲間のつながりを得られる。

［久保・石川編 1998:48］

本書の二〇五・二〇六ページに載せた、「自分以外のコーダと話すことは、自分にとってどういう意味がありましたか？」に対するコーダたちの回答を見ると、コーダ同士で話をすることが、この①〜⑥の効果をもたらしているのは明らかだろう。

日本のコーダの場合、②の「問題状況を捉え直すイデオロギー」として働いているのは、「言語としての手話」や「ろう文化」、「ろう者のやり方」という発想である。《自分で「私って変かも？」と思っていたことが、「コーダだから」だとわかり、自分を好きになれた》という記述に見られるように、同じものごとを違う角度から見る視点を得たことで、自分の状態をそのままでいいと肯定的に位置づけ直し、自信を持つことにもつながっている。

しかし、「コーダの会」がセルフヘルプ・グループとしての面を強く打ち出すことは、コーダであることを解決すべき問題と捉えているような印象を外部に対して与えてしまうというリスクも負っている。ひとたび中に入れば、そこが、聞こえない親に育てられたことの豊かさをみんなで確認しようという団体で、いろいろな経験を経ながらも親との関係を肯定的に見ている人たちが多いことがわかるのだが、それは、外の人からは見えにくくなってしまう。

## 「いいんだよ、傷の舐め合いで」

実際、「コーダの会」に行ったことのないコーダのなかには、親から「コーダの会に行ってみたら?」と勧められても、あまり行きたがらない人もいるようだ。問題を抱えた人が集まって「傷の舐め合い」をしているんじゃないか、とか、親に対する文句を言っているんじゃないか、とか、逆に聴者の悪口を言っているんじゃないか、とか、いろいろな憶測があるらしい。

数年前、「コーダの会」のメーリングリストでは、このことが話題となり、「私たち、傷の舐め合いなんかしてた?」「してないよね」という話になった。私も、「コーダの会」に見学者としてときどき参加させてもらうが、そこは本当に楽しく気持ちのいい場所で、たくさん笑い、時が経つのを忘れる。このような「コーダの会」には、セルフヘルプ・グループが持っている「治療」や「問題解決」というイメージは必ずしも重なりきらない。

しかし、「コーダの会」の設立当初からのメンバーたちは、逆に長く関わっているがゆえに、「コーダの会」が自分の意識をポジティブにしていくうえで大切な場になったと認識していて、「コーダの会」をセルフヘルプ・グループと捉えることに、あまり抵抗はないようだ。中心メンバーの一人は、「そういう部分もあると思うよ」と言い、さらに「いいんだよ、傷の舐め合いで」と言っていた。

こういう親のもとに生まれてきてよかったという今の気持ちに至るまでには、社会で聞こえない親が低く見られてしまっているのではないかと意識したり、自分自身も親を聞こえる人よりも劣っているように見てしまったりした時期もあり、それを整理するうえで、「コーダの会」で話をすることが、とても役に立ったということなのだろう。どうせなら、もっと若い時期にこういう経験を持ちたかったというコーダもいる。

今はセルフヘルプ・グループとしての厳密なルールづくりや組織化はなされていない状態の「コーダの会」だが、緩やかで楽しい人の集まりであるこの団体も、この先、グループとしての整備がされていくことはあるのかもしれないと思う。

## コーダがコーダであることを意識する時期

コーダがコーダであるということを意識するのは、年齢やライフステージとも深く関わっている。近年の家族研究においては、「特定の社会のなかで、時代と格闘しながらさまざまな個人がそれぞれの立場で構築していく人生の軌跡（コース）の多様さを、多様なままに捉えようとする」ための研究手法として、「ライフコース」という言葉がよく使われる［岩上 2003:33］。

ライフコースは、個人がどのような役割を引き受ける選択をしていくかという役割選択の積み重ねである。そして、その長いライフコースを、乳幼児期、子供期、青年期、成人期、老年期などというように、いくつかの段階（ステージ）に分けて考えたときの各段階がライフステージである。

### 他のコーダの話が聞きたくなるとき

私の経験から推測するに、コーダが「他のコーダの話を聞きたい！」「聞こえない親を持つことの意味について知りたい！」と熱望する時期は、主に二十〜三十代の青年期〜成人期であるようで、十代のコーダは、そこまでも整理されていないまま、混乱とイライラのなかにある。

「なんで自分だけこんなに説明しなくちゃいけないんだろう」
「説明してもわかってもらえない」
「どう説明すればいいのかわからない」

「面倒くさい」

こういう十代のコーダにとって、自分の数歩先を行っている若いコーダから話を聞くメリットは大きい。「共感する聞き手が理解して受け入れてくれると、強い感情は弱まり、鋭い刃を失う傾向がある」[Ginott 1969=2006:63]。

実際、個人的な人間関係においては、大人になったコーダが、コーダを持つ若いろう親からの相談を受けるということは、よくあるらしい（もちろん、大人になってからも、ある程度手話やろう者の世界とつきあいのあるコーダに限られる）。

## 背景まですぐわかってしまう

ここでは一つの事例として、Rさんの話を紹介したい。

Rさんは、インタビュー当時二十代で、ろうのクリスチャンが集まる教会によく顔を出していた。そして、毎週親に連れられて教会に来ているコーダの子どもたちとも仲がよかった。

コーダの子どもたちとはよく話した。親から相談を受けた。学校で「魔法使いのゆうちゃん（仮名）」って言われて、手話を真似されるらしい。「ゆうちゃん、学校で手話を真似されてるんだって？」て訊いたら、「うん」って。「でも、そういう相手の手話、どう思う？ 下手でしょ？」って言ったら、「うん」って言ってた。たぶん、ゆうちゃんは、どう考えればいいか、わからなかったんだと思う。なんて答えればいいかじゃなくて、どう受けとめればいいか。私と話すことで、それが伝わったんだったら嬉しい。

コーダの話を聞くと、一部しか聞かなくても、その背景にあるものがすぐにわかる。私が整理してきたことを悩んでいると思う。たぶん、こう思ってるんだろうな、とか。ゆうちゃんも、お母さんの手話を真似されて思ったことは、たぶん、「お母さんが本当に変な手話をしているんだったらどうしよう」っていうこと。で、「お母さんが変」イコール「自分も変なのかな」って。

自分も聞こえない親を持つRさんは、ほかのコーダの話を聞くと、その話が断片的なものであっても、背景にあるものがすぐにわかるという。それは、子どものコーダに限らず、大人のコーダの話を聞く場合にも当てはまるようだ。

子どものコーダと接するときには、Rさんは、その時期の自分を思い出しながら、何を言葉に出して何を言葉に出さないでおくべきなのかを十分わかったうえで接している。ゆうちゃんも、相手がこういうRさんだからこそ、その話すことを素直に受けとめる気になったのだろう。これが他の人だったなら、きっと同じ効果は得られていない。

### 社会関係資本としての「コーダの会」

ただ、思春期のコーダと大人のコーダの出会いが必ずしも「悩み相談」の形である必要はないと思う。日ごろから顔を合わせ、楽しくやっていれば、そういう些細なことが起こったときにも、十分対応できるという話である。

社会学では、相互の信頼や人と人とのつながりを通して、情報をもらったり、人を紹介してもらったり、協力してもらったりといった利益が得られる場合、そのつながりを「社会関係資本 social capital」と呼ぶことがある。ろう者の世界では、この「社会関係資本」は、高度に発達してきた。よい教育を受けるチャンスも、よい仕事を得るチャンスも、さまざまな情報にアクセスする機会も少なかったろう者の世界では、まさに人と人とのつながりによって、情報交換や相互扶助がはかられてきたからである。

個々のコーダ同士のつながりも、実はろう者たちのそうした「社会関係資本」の延長にあるのかもしれない。一般に、人と人は一回話したからといって、そう簡単に信頼しあえるものではない。しかし、ろう者の場合には、聞こえないという状況を共有し手話を使っている人同士は、かなりがっちりした信頼関係を築くことができる（すべてがそうではないが）。知り合ったばかりの人を家に泊めたりすることもあるようだ。コーダは、そうしたつながりがあるということを、知っている。そして、「コーダの会」などでは、現にそういうつながりを実践している。

思春期は、親から距離を置き、同年代との関係が強まっていく時期である。この時期に、思春期のコーダが共感できる、年齢の近い人がそばにいるということは、それだけで若いコーダの力になる。わいわいとコーダの集まる楽しい場ができていけば、必要な人が必要なときに気軽に立ち寄ることも、できるようになっていくだろう。

コーダ同士のつながりが何かの形を生み出していく機運は、十分に高まってきている。その意味で、コーダパワーの今後に、ぜひ期待したい。

## Thank You Deaf Day

日本の「コーダの会」がここ数年力を入れている行事に、四月の第四週目の土日におこなわれる「Thank You Deaf Day」がある。この日は、コーダが、自分の親や配偶者、友人など、自分がいつもお世話になっているろう者を連れてきて、日ごろの感謝の気持ちをメッセージとして伝える。

このイベントのもともとは、アメリカの「コーダの会」が四月末におこなっていた「Mother Father Deaf Day」で、これはいわゆるコーダ版母の日&父の日だった。しかし、日本の「コーダの会」の中心メンバーのなかには、もう親が亡くなってしまっている人や、親が遠方に住んでいたり高齢だったり離別したりしていて一緒に来られない人もいる。そのため日本では、両親に限らず、「身近なろう者に対して『ありがとう』を言う日」として、この行事がおこなわれるようになった。

### ろう者とコーダの家族が集う

二〇〇九年四月二五日の「Thank You Deaf Day」は、東京の葛西臨海公園で開かれた。この日は天気予報でも大雨といわれ、実際、雨でびちょびちょした日だったのだが、それでも、公園内の建物にある休憩所に、大人四〇人、子ども二二人が集まった。小学生のコーダやろう児を連れたデフママたち、息子とそのお嫁さんと参加した中高年のろう夫婦、コーダと結婚したろうの旦那さんたち、手話通訳士をしている娘さんと遠方からいらした年配のコーダ……さまざまなグループが、休憩所のなかで思い思いにお弁当を広げた。

たぶん、集まった人たち自身、こんなにたくさんのコーダとろう者の家族を見たのは、初めてだったのではないかと思う。幼稚園や小学生の子どもたちは、聞こえる子も聞こえない子も群れて走りまわり、ベビーカーに乗るような子たちは、お母さんやお父さんのそばと、年上の子たちのあいだを行ったり来たり。大人たちは、「お住まいはどちら？」とか、「お子さん四人なんてすごい！」とか、「〇〇さんのお友達なんですね！」とか、手話や声で盛んにやりとりをする。

時期が時期だっただけに、「スマップの草彅は、たぶんストレスがたまってたんだろうね」「私もお酒を飲んで家に帰ってくるまでの記憶がなかったことがあるから、なんとなくわかる」といったテレビの話題がネタになっていた。また、ろうの親の会話のなかでは、幼いコーダに「ろうのやり方」と「聴のやり方」の使い分けを教えるにはどうすればいいんだろう？　という話も出た。

うちの娘は四歳なんだけど、家のなかで肩を叩くような呼び方を家の外でもして、まわりの子にびっくりされちゃう。娘は、「どうして他の人はそうしないの？」って訊くんだけど、そういうときは、どういう説明をすればいい？　「うちは〝特別〟だから他ではそうしないように」って言っていいのかなぁ。もっと大きくなれば、〝文化の違い〟って説明もできるけど、四歳の子には無理。どう説明していいのか、迷う。家での〝ろうのやり方〟も大切にしてほしいし。

子どもの年齢が近い親同士では、共通の話題も多かった。小学生と幼稚園のコーダを育てているデフ

ママは、

「下の子は、お兄ちゃんがぶった〜ってすぐ言いに来るんだけど、本当はそんなに痛いわけじゃなくて、大げさに泣いてみせるの。もう、きょうだい喧嘩を仲裁するのが大変」

中学生と小学生のコーダを持つ親は、

「上の子が中学生になって大人料金になったから、実家に帰省するにも交通費が高くなっちゃって。景気も悪いし、なかなか帰省できなくなっちゃった」などなど。

それぞれがおしゃべりをしながらお弁当を食べ、その後は、大人や子どもを交えた尻文字ゲームや伝言ゲームがおこなわれた。子どもたちは、聞こえる子も聞こえない子もゲームをやりたがって大騒ぎで、参加賞のお菓子をもらって得意気だった。

## 手話で思い思いに感謝の言葉を

そうしたゲームが一通り終わった二時過ぎ、「Thank You Deaf Day」はいよいよクライマックスを迎えた。一人ひとりのコーダが前に出て、台の上に立ち、手話で、ろうの親や友人への感謝を語る。手話の苦手なコーダも、わかる範囲の手話で、「今日は来てくれてありがとう」「お父さん、いつもありがとう」と表現した。

表現手段は限られているけれど、伝えたい思いはいっぱいある、まさにコーダらしい、思いのつまった表現である。小学生のコーダ、若者コーダ、三十〜四十代のコーダ、年配コーダ……みんな、思い思いに感謝の気持ちを表現した。

ろう者とたくさんつきあいのあるコーダや、手話通訳の活動をしているコーダは、やや長めにメッセージを語った。

お母さん、いつも怖い娘でごめんね。でも、これからも、お母さんと仲良くしていきたいと思っています。それから、＊＊さん、今日は来てくれてありがとうございました。近くに住んでいらっしゃる＊＊さんには、私が子どものころから本当にかわいがってもらいました。これからも、どうぞよろしくお願いします。

私は、父や弟とはあまり喧嘩はしなかったけど、母とは、しょっちゅう親子喧嘩をしていました。それ以外でも母とはよくいろんな会話をしていたので、そういうやりとりのなかで自然と手話を身につけました。でも、数年前までは他のろう者と会う機会もあまりなくて、それが家の外でも通じる手話なのかどうか、よくわかりませんでした。中高のころから十数年は、まわりの人から「手話や福祉を勉強したら？」と言われるのもすごく抵抗があったんだけど、四〜五年前に、なぜだか自然と手話を勉強したいという気持ちになりました。そして、ろう者と会う機会もできて、家の外でも通じるのかな？　と思ってみたら、ちゃんと通じた。それは、母のおかげだと思っています。まだまだスネかじりで申し訳ないけれど、これからも、家にいるあいだは、母と仲良くいろいろな話をしていきたいと思っています。今年で手話を勉強して五年目で、ようやく今年から、手話通訳の現場にも立てるようになりました。これからも、手話に携わっていきたいです。

僕はお父さんが亡くなったとき、「もう、これで手話やろうの世界とは関係がなくなった。もう関わることもない」と思った。手話サークルにも行かなくなって、数か月間、家にこもりがちになっていた。でも、なんだか落ち着かない。「人が足りないから手話サークル来て」と何度もメールが来て、「仕方がない」と思って行ってみた。そうしたら、手話でろう者たちと話しているうちに、ふさぎ込んでいた思いや日ごろのストレスが、きれいになくなっていることに気づいた。そのとき思ったのは、コーダっていうのは、親が亡くなって終わりじゃないんだということ。親が亡くなっても、僕のなかに残っている感覚がある。そのことに気がついた。これからも、ろう者やコーダとのつきあいを大切にしていきたい。

会場の大人たちは、ろう者も、コーダも、こうしたコーダたちの手話による感謝の言葉を、「うんうん」とうなずいて見ていた。こういうときにいつも突っ込みを入れそうなろう者まで、何も言えなくなっているのが印象的だった。

ろう者との関わりを大切にし、ろう者たちにきちんと感謝の気持ちを伝えていきたいと思うコーダたちがいる限り、「Thank You Deaf Day」はこれからも続いていくのだと思う。

**浅野智彦** 2001『自己への物語論的接近――家族療法から社会学へ』勁草書房

**Baker, Colin** 1993 *Foundations of Bilingual Education and Bilingualism*, Multilingual Matters＝1996 岡秀夫訳・編『バイリンガル教育と第二言語習得』大修館書店

**Becker, Howard S.** 1963 *Outsiders: Studies in the Sociology of Deviance*, The Free Press＝1978 村上直之訳『アウトサイダーズ――ラベリング理論とはなにか』新泉社

**ミリー・ブラザー**著、米内山明宏・市田泰弘・本橋哲也訳 1996「CODAとは何か」『現代思想』24-5 (1996-4): 366-370（特集：ろう文化）（現代思想編集部編 2000『ろう文化』青土社に再掲）

**Bull, Thomas** 2005 "Deaf Family Issues: CODA and Identity", *Working Together for a Shared Future: Proceedings of the First Canadian Conference on Mental Health and Deafness, Ottawa, Canada, September 9-11, 2004*, Reach Canada（英語版は http://www.reach.ca/shared_future/eng/bull.htm に掲載。二〇〇九年六月一四日閲覧）

**Davie, Cameron** 1992 *Passport Without a Country* [videocassette]

**デフ・マザーズ・クラブ会報** 1995～2002 第一号～第三二号

**藤川朋代** 2008「聞こえない私の子育て」

**Ginott, Haim G.** 1969 *Between Parent and Teenager*, Macmillan Company＝2006 菅靖彦訳『子どもに言った言葉は必ず親に返ってくる――思春期の子が素直になる話し方』草思社

**Goffman, Erving** 1963 *Stigma: Notes on the Management of Spoiled Identity*, Prentice-Hall＝1970 石黒毅訳『スティグマの社会学――烙印を押されたアイデンティティ』せりか書房

**Goffman, Erving** 1963 *Behavior in Public Places: Notes on the Social Organization of Gatherings*, The Free Press of Glencoe＝1980 丸木恵祐・本名信行訳『集まりの構造――新しい日常行動論を求めて』誠信書房

**星野正人** 1996「CODAから見たろう文化」『現代思想』24-5 (1996-4): 76-77（特集：ろう文化）（現代思想編集部編 2000『ろう文化』青土社に再掲）

**星加良司** 2007『障害とは何か――ディスアビリティの社会理論に向けて』生活書院

**井上俊** 1996「物語としての人生」井上俊ほか編『ライフコースの社会学』岩波書店 11–27

**岩上真珠** 2003『ライフコースとジェンダーで読む家族』有斐閣

**片桐雅隆** 2003『過去と記憶の社会学――自己論からの展開』世界思想社

**木村晴美** 1996「ろうの民族誌」『現代思想』24–5（1996–4）: 200–211（特集：ろう文化）（現代思想編集部編 2000『ろう文化』青土社に再掲）

**木村晴美・市田泰弘** 1995「ろう文化宣言――言語的少数者としてのろう者」『現代思想』23–3（1995–3）: 354–362（現代思想編集部編 2000『ろう文化』青土社に再掲）

**北田美千代** 2002「CODAの生い立ち」

**Kraft, Bonnie** 1997 *Tomorrow Dad Will Still Be Deaf & Other Stories*, Dawn Pictures [videocassette]

**久保紘章・石川到覚**編 1998『セルフヘルプ・グループの理論と展開――わが国の実践をふまえて』中央法規出版

**丸地伸代** 2000「ろう者と聴者の間で――CODAという名のマイノリティ」『言語』29–7（2000–7）: 88–95

**中島和子** 1998「家庭で育てるバイリンガル」『バイリンガル教育の方法――12歳までに親と教師ができること』アルク 49–86

**中村恵以子** 1996「Ｃｏｄａに目覚める」『現代思想』24–5（1996–4）: 379–381（特集：ろう文化）（現代思想編集部編 2000『ろう文化』青土社に再掲）

**中吉光子** 1978「私と母とそしてみみずくと」『みみずく十五周年の歩み』

**野口裕二** 1996『アルコホリズムの社会学――アディクションと近代』日本評論社

**野口裕二** 2002『物語としてのケア――ナラティヴ・アプローチの世界へ』医学書院

**野口裕二** 2005『ナラティヴの臨床社会学』勁草書房

**野澤克也** 2001『聴覚障害者のケースワークⅣ』聴覚障害者問題研究所

**小栗左多里** 2002『ダーリンは外国人――外国人の彼と結婚したら、どーなるの？　ルポ。』メディアファクトリー

**大阪聴力障害者協会女性部子育て班** 2005「聞こえない親と聞こえる子ども」子育てひろばネットワーク『不安にならない子育てＢＯＯＫ　どや』26–34

**大澤真幸** 2007「Coda」『ナショナリズムの由来』講談社 623–642

**Preston, Paul** 1994, *Mother Father Deaf: Living between Sound and Silence*, Harvard University Press＝2003 澁谷智子・井上朝日訳『聞こえない親をもつ聞こえる子どもたち――ろう文化と聴文化の間に生きる人々』現代書館

**斎藤環** 2003『心理学化する社会――なぜ、トラウマと癒しが求められるのか』ＰＨＰ出版

**澁谷智子** 2005「声の規範――「ろうの声」に対する聴者の反応から」『社会学評論』56-2: 435-451

**澁谷智子** 2008「聞こえない親を持つ聞こえる人々――文化の中で自己の語りはどう作られるのか」東京大学大学院総合文化研究科平成二〇年度博士論文（同論文の付帯資料集として、澁谷智子 2006「「コーダに関するアンケート」の中間報告」）

**天童荒太** 1999『永遠の仔』幻冬舎

**鳥山稔編** 2002『言語聴覚士のための基礎知識　耳鼻咽喉科学』医学書院

本書で言及した手話ドラマ

「星の金貨」（一九九五年四～七月放送、日本テレビ）

「愛していると言ってくれ」（一九九五年七～九月放送、ＴＢＳ）

「君の手がささやいている」（一九九七～二〇〇一年に五回放送、テレビ朝日）

「オレンジデイズ」（二〇〇四年四～六月放送、ＴＢＳ）

「ラブレター」（二〇〇八年一一月～二〇〇九年二月放送、ＴＢＳ）

おわりに

私の友人のコーダは、「コーダの話を聞いたりしゃべったりすることは、自分探しの一環なんだと思う」と言った。おそらく、それは、「どこかに本当の自分がいてそれを見つける」というものではなく、コーダであることについて話をしていく作業を通して、「自分についての解釈ができてくる」のだと思う。

コーダの話は特殊なようでいて、実は特殊ではない。コーダ研究を長く続けるにつれ、私はますますそう思うようになってきている。コーダの話は、親子関係の話であり、自分語りの話である。

コーダの状況は、時間の流れが見えやすい一つのケースとなっているといえるだろう。ここで言う「時間」には二つある。一つは個人にとっての時間。そして、もう一つは時代の変化。個人にとっての時間も、社会にとっての時間も、確実に流れている。

＊

親子の関係は、親の側にも子どもの側にも、個人の時間の流れを意識させやすい。私も、コーダ研究を始めた当時は学生に過ぎなかったが、その後、子どもを持って親になり、子どもの年齢とともに変わっていく変化に巻き込まれた。数時間おきの授乳や夜泣きの日々は、まもなく、幼稚園のお友達関係や習い事、ママ友同士の交流を楽しむ時期へと移り、上の子が小学校に入るころには、子どもの好奇心やスポーツへの興味、きょうだい喧嘩にどう対応するかなどに、関心が向くようになった。おそらく、あと数年もすれば、子どもは子ども同士のつきあいを好み、親と一緒に出掛けることも嫌がるようになるのだろう。

聞こえない親と聞こえるコーダの関係も、コーダの年齢によってさまざまに変わる。その時々で、親として、子どもとして、感じる思いがあり、自分が関心を向けることも、生活時間も、人間関係も、形を変えていく。そうしたなかで、子どもだけでなく、親も成長し、自己の捉え方も変わっていく。

一方で、手話のイメージの変遷に焦点を当てると、今度は時代の変化がひしひしと実感される。かつて、手話が蔑視されていた時代には、聞こえない人は「聞こえる人」にできるだけ近づくべきだと考えられた。多くのろう者もそうした考えに疑いを抱かぬまま、自分と聞こえる人との違いに劣等感を持ち、コーダも、そんな親に育てられる自分に対して高い評価を持てなかった。

今日では、手話はテレビなどで盛んに取り上げられ、魅力的な言語と思われるようになった。それまでの法律を変える形で聞こえない薬剤師が誕生し、手話と日本語のバイリンガル教育をうたった私立のろう学校も設立された。手話を肯定的に描写する記述や放送が増えたことで、手話を学ぼうとする人も増え、今度はその人たちが、手話言語やろう者の豊かさを評価するようになった。

手話を使う人々が持つ高い「視覚的再現力」。手話という言語がつくり出す、テンポのいい掛け合いの会話。顔と顔を合わせるコミュニケーションを重視するろう者のやりとりとその絆の強さは、社会のコミュニケーションの希薄化が危ぶまれるなかで、価値あるものとみなされるようになった。

こうした社会のまなざしが個人に与える影響は大きい。人は、その社会のメディアや人々の会話が発信している「物語」を取り込みながら、自分についての認識をつくっていく。手話や「ろう文化」の魅力を伝える「物語」の増加は、実際に、コーダたちが、聞こえない親を持つことについてしっかり考えてみようとする契機を増やしている。

＊

しかし、同時に、すべてのものは変わっていく。それまで否定的に思われていた属性がプラスに位置づけられ、差別が減り、困難がある程度解消されれば、その当然の帰結として、マイノリティの組織の求心力は失われ、人々もハングリーではなくなっていく。かつては盛んだったろう者の運動や活動は、もはや以前のような勢いは持っていない。ろう者のなかの階層格差も大きくなってきている。今は関心を集めつつある「コーダ」も、やがて社会の理解が広まっていけば、個々のコーダが葛藤することも減り、単にその人がその人であることの要素の一つとしてあたりまえに捉えられるようになっていくのだと思う。

人のつながりも役割も社会の状況も永続的ではありえず、さまざまな時期がある。世界的な経済不安が起きてしまった今日の状況もまた、一つの時代であるだろう。すべてのものが移り変わっていくことを認めたうえで、それでは今のこの時期をどう過ごすのか、今のこの環境のなかでどうすれば自分や自分の関わる人の満足を高めていけるのか、もう一度意識的に考えることが求められるようになってきていると思う。

変化の激しい時間の流れのなかでコーダたちが見せてくれた語りには、そうした問いに答えるヒントがちりばめられている。

## 謝辞

この本を書くにあたっては、本当に多くの方のお世話になった。

何よりもまず、お礼を申し上げたいのは、協力してくださったコーダの方々である。インタビューを通して、一緒に食事をしたり、お宅にうかがったり、とても充実した時間を過ごさせていただいた。また、「コーダの会」の飲み会では、さまざまな話に盛り上がり、ジョークやカラオケを楽しませていただいた。コーダでない私を温かく迎え入れ、仲間として接してくれたメンバーは、今や私の大切な友人である。会った回数がそれほど多くない人についてもそういう気持ちを抱くのは、やはり、「コーダの会」の雰囲気ゆえに、中身の濃い話を交わしてきたからなのだろう。

なかでも、私のコーダ研究は、坂本知子さんの存在を抜きにして語れない。私が研究者としてほんのヒヨッコだったころから、私の書くものを目を輝かせて読み、そのコメントや家族の反応を細かく伝えてくれる知子さんがいてくれたからこそ、私はコーダについて書こうとする気持ちを持ちつづけられた。また、ご自身もコーダであり教育学を専門とする研究者でいらっしゃる武居渡先生には、私の研究上の試行錯誤を、常に温かい目で見守っていただいた。うちの子と年齢の近い子どもをお持ちの倉持美和さん、北田美千代さんとは、ママ友としてもさまざまなことを話し合い、研究の方向性を一緒になって考えていただいた。木村秋子さんとの話では、私がコーダ研究をしていくうえで何を大切にしたいと思っているのか、確認することができた。そして、「コーダの会」の卓越したムードメーカーである阿部卓也さんには、たくさんの笑いとこまやかな気遣いをいただいた。こうしたコーダの方々に出会えたことを、本当に嬉しく思う。

ろう者の立場から協力してくださった方々にも、心からの感謝を伝えたい。一〇年前、ほとんど手話ができなかった私を入門から導いてくださった、赤堀仁美さん、川島清さん、米内山明宏さんは、私に新しい世界を開いてくださった人生の師である。四月にお亡くなりになった白鳥雄司さんは、まだ私がろくに手話ができなかったころから、会えば話しかけてくださった。できれば白鳥さんに、この本をお渡ししたかった。きっと天国でニヤリとされているんだと思う。そして、手話ネイティブの視点から研究を進めておられる野呂一さん、木村晴美さんには、研究者としても人間としても、本当に多くのものを学ばせていただいた。これからも、ずっと関わらせていただきたい。

棚田茂さん・貴子さん、森壮也さん・亜美さん、「喜多見のマリー・テレーズ」さんは、早くから私の研究を支持し、さまざまな形で応援してくださった。コーダを育てる親として寄せてくださった信頼にこたえようとして、私は、研究者としても親としても成長できたように思う。また、私をご自宅やご実家に呼んでくださったデフママの方々、私を講演に招いてくださった地域の聴覚障害者協会の皆様、藤川朋代さん、大阪生涯学習センター、日本手話学会の活動でもお世話になった全日本ろうあ連盟の方々には、今後のコーダ研究に対しても大きな期待を寄せていただいた。この場を借りて、お礼を申し上げたい。

東京大学大学院総合文化研究科では、竹内信夫先生、今橋映子先生に辛抱強く博士論文を指導していただいた。手話を言語と捉え、「あなたのやっていることには意味がある」とおっしゃっていただいたことの喜びを、私は生涯忘れない。博士論文の審査に入っていただいた井上健先生には、日本比較文学会のシンポジウムで、手話と声のパフォーマティブな特質について考える機会をいただいた。そんな先生方がいらっしゃる比較文学比較文化研究室を、私は自分が育った家のように感じている。後輩の小野瀬宗一郎さんには、ご自分の体験をこの本に載せることを快く了承していただいた。小野瀬さんをはじめ、大学院生同士でさまざまなコメントをしあえたのも、この研究室の和やかな雰囲気ゆえだったと思う。

また、社会学では、市野川容孝先生、山本泰先生、好井裕明先生から大きな刺激をいただいた。研究対象としていることは違っていても、的確な指摘をしてくださる先生方から、学問というもののすごさをあらためて感じることができた。文学が人の内面の動きを描くものであるとするなら、社会学は人が生きる世界の構造を読み解くものである。その両方を学んだことで、私は、人が人生を語るときにどのような意味が構築されていくのか、より深く考えられるようになった気がする。

医学書院の白石正明さんには、お会いした最初から、コーダの話に関心を持っていただいた。「ケア」を「仲介」と捉える白石さんとの会話のなかで私が得たヒントは、とても多い。「編集者って大変そうだけど、白石さん、この仕事が楽しいんだなぁ」と思えたことも、私がこの本の執筆にはまる一つの理由になった。本当に、ありがとうございました。

最後に、この本ができあがるまで、陰日向なく支えてくれた家族に感謝したい。夫の両親とおばあちゃん、実家の両親、妹、二人の娘たちの理解と協力があって、私は、読み、調べ、考え、書く、という時間を持つことができた。そして、日常の生活のなかで、家事・育児をめぐる議論はもちろん、研究することや家族であること、社会のあり方についてまでも細かく意見を交わし合い、結果として、私の社会学の基礎を鍛えてくれた夫、五十嵐泰正にも、小さい声でぼそっと「ありがとう」を言いたいと思う。

澁谷智子

二〇〇九年八月

★本研究の実施と執筆は、平成一八〜二〇年度科学研究費補助金(特別研究員奨励費)を受けておこなわれた。

## 著者紹介

澁谷智子（しぶや・ともこ）

1974年生まれ。東京大学教養学部卒業後、ロンドン大学ゴールドスミス校大学院社会学部修士課程、東京大学大学院総合文化研究科修士課程・博士課程で学ぶ。学術博士。現在、成蹊大学文学部現代社会学科准教授。専門は、社会学、比較文化研究。

論文に「ヤングケアラーを支える法律」『成蹊大学文学部紀要』第52号、「声の規範」『社会学評論』第56巻第2号など。著書に『ヤングケアラー――介護を担う子ども・若者の現実』中公新書、訳書に『聞こえない親をもつ聞こえる子どもたち』共訳・現代書館。

今の夢……小説を書いてみたい。

覚えたいこと……スープジャーを活用した美味しいお弁当の作り方。

シリーズ
ケアをひらく

コーダの世界——手話の文化と声の文化

発行————2009年10月1日　第1版第1刷©
2021年 8 月1日　第1版第5刷

著者————澁谷智子

発行者———株式会社　医学書院
代表取締役　金原 俊
〒113-8719　東京都文京区本郷1-28-23
電話 03-3817-5600（社内案内）

装画————HITO

装幀————松田行正＋相馬敬徳

印刷・製本ーアイワード



ISBN 978-4-260-00953-9



コーダの世界
テキストデータ引換券

**◉本書のテキストデータを提供します。**

視覚障害、読字障害、上肢障害などの理由で本書をお読みになれない方には、電子データを提供いたします。
・200円切手
・返信用封筒（住所明記）
・左のテキストデータ引換券（コピー不可）を同封のうえ、
下記までお申し込みください。
［宛先］
〒113-8719 東京都文京区本郷1-28-23
医学書院看護出版部 テキストデータ係

シリーズ　ケアをひらく　❶

## 第73回
# 毎日出版文化賞受賞！
［企画部門］

**ケア学：越境するケアへ**●広井良典●2300円●ケアの多様性を一望する―――どの学問分野の窓から見ても、〈ケア〉の姿はいつもそのフレームをはみ出している。医学・看護学・社会福祉学・哲学・宗教学・経済・制度等々のタテワリ性をとことん排して〝越境〟しよう。その跳躍力なしにケアの豊かさはとらえられない。刺激に満ちた論考は、時代を境界線引きからクロスオーバーへと導く。

**気持ちのいい看護**●宮子あずさ●2100円●患者さんが気持ちいいと、看護師も気持ちいい、か?―――「これまであえて避けてきた部分に踏み込んで、看護について言語化したい」という著者の意欲作。〈看護を語る〉ブームへの違和感を語り、看護師はなぜ尊大に見えるのかを考察し、専門性志向の底の浅さに思いをめぐらす。夜勤明けの頭で考えた「アケのケア論」！

**感情と看護：人とのかかわりを職業とすることの意味**●武井麻子●2400円●看護師はなぜ疲れるのか―――「巻き込まれずに共感せよ」「怒ってはいけない！」「うんざりするな!!」。看護はなにより感情労働だ。どう感じるべきかが強制され、やがて自分の気持ちさえ見えなくなってくる。隠され、貶められ、ないものとされてきた〈感情〉をキーワードに、「看護とは何か」を縦横に論じた記念碑的論考。

**あなたの知らない「家族」：遺された者の口からこぼれ落ちる13の物語**●柳原清子●2000円●それはケアだろうか―――幼子を亡くした親、夫を亡くした妻、母親を亡くした少女たちは、佇む看護師の前で、やがて「その人」のことを語りはじめる。ためらいがちな口と、傾けられた耳によって紡ぎだされた物語は、語る人を語り、聴く人を語り、誰も知らない家族を語る。

**病んだ家族、散乱した室内：援助者にとっての不全感と困惑について**●春日武彦●2200円●善意だけでは通用しない―――一筋縄ではいかない家族の前で、われわれ援助者は何を頼りに仕事をすればいいのか。罪悪感や無力感にとらわれないためには、どんな「覚悟とテクニック」が必要なのか。空疎な建前論や偽善めいた原則論の一切を排し、「ああ、そうだったのか」と腑に落ちる発想に満ちた話題の書。

本シリーズでは、「科学性」「専門性」「主体性」といったことばだけでは語りきれない地点から《ケア》の世界を探ります。

**べてるの家の「非」援助論：そのままでいいと思えるための25章**●浦河べてるの家●2000円●それで順調！———「幻覚&妄想大会」「偏見・差別歓迎集会」という珍妙なイベント。「諦めが肝心」「安心してサボれる会社づくり」という脱力系キャッチフレーズ群。それでいて年商1億円、年間見学者2000人。医療福祉領域を超えて圧倒的な注目を浴びる〈べてるの家〉の、右肩下がりの援助論！

**物語としてのケア：ナラティヴ・アプローチの世界へ**●野口裕二●2200円●「ナラティヴ」の時代へ———「語り」「物語」を意味するナラティヴ。人文科学領域で衝撃を与えつづけているこの言葉は、ついに臨床の風景さえ一変させた。「精神論 vs. 技術論」「主観主義 vs. 客観主義」「ケア vs. キュア」という二項対立の呪縛を超えて、臨床の物語論的転回はどこまで行くのか。

**見えないものと見えるもの：社交とアシストの障害学**●石川准●2000円●だから障害学はおもしろい———自由と配慮がなければ生きられない。社交とアシストがなければつながらない。社会学者にしてプログラマ、全知にして全盲、強気にして気弱、感情的な合理主義者……"いつも二つある"著者が冷静と情熱のあいだで書き下ろした、つながるための障害学。

**死と身体：コミュニケーションの磁場**●内田 樹●2000円●人間は、死んだ者とも語り合うことができる———〈ことば〉の通じない世界にある「死」と「身体」こそが、人をコミュニケーションへと駆り立てる。なんという腑に落ちる逆説！「誰もが感じていて、誰も言わなかったことを、誰にでもわかるように語る」著者の、教科書には絶対に出ていないコミュニケーション論。読んだ後、猫にもあいさつしたくなります。

**ALS 不動の身体と息する機械**●立岩真也●2800円●それでも生きたほうがよい、となぜ言えるのか———ALS当事者の語りを渉猟し、「生きろと言えない生命倫理」の浅薄さを徹底的に暴き出す。人工呼吸器と人がいれば生きることができると言う本。「質のわるい生」に代わるべきは「質のよい生」であって「美しい死」ではない、という当たり前のことに気づく本。

**べてるの家の「当事者研究」**●浦河べてるの家●2000円●研究？ ワクワクするなあ―――べてるの家で「研究」がはじまった。心の中を見つめたり、反省したり……なんてやつじゃない。どうにもならない自分を、他人事のように考えてみる。仲間と一緒に笑いながら眺めてみる。やればやるほど元気になってくる、不思議な研究。合い言葉は「自分自身で、共に」。そして「無反省でいこう！」

**ケアってなんだろう**●小澤勲編著●2000円●「技術としてのやさしさ」を探る七人との対話―――「ケアの境界」にいる専門家、作家、若手研究者らが、精神科医・小澤勲氏に「ケアってなんだ？」と迫り聴く。「ほんのいっときでも憩える椅子を差し出す」のがケアだと言い切れる人の《強さとやさしさ》はどこから来るのか―――。感情労働が知的労働に変換されるスリリングな一瞬！

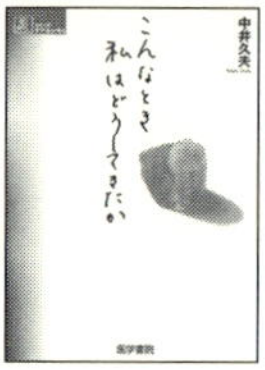


**こんなとき私はどうしてきたか**●中井久夫●2000円●「希望を失わない」とはどういうことか―――はじめて患者さんと出会ったとき、暴力をふるわれそうになったとき、退院が近づいてきたとき、私はどんな言葉をかけ、どう振る舞ってきたか。当代きっての臨床家であり達意の文章家として知られる著者渾身の一冊。ここまで具体的で美しいアドバイスが、かつてあっただろうか。

**発達障害当事者研究：ゆっくりていねいにつながりたい**●綾屋紗月＋熊谷晋一郎●2000円●あふれる刺激、ほどける私―――なぜ空腹がわからないのか、なぜ看板が話しかけてくるのか。外部からは「感覚過敏」「こだわりが強い」としか見えない発達障害の世界を、アスペルガー症候群当事者が、脳性まひの共著者と探る。「過剰」の苦しみは身体に来ることを発見した画期的研究！

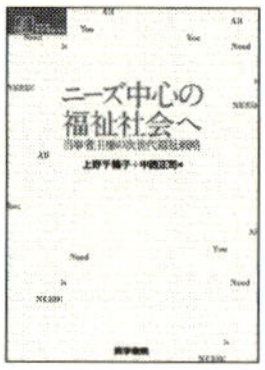


**ニーズ中心の福祉社会へ：当事者主権の次世代福祉戦略**●上野千鶴子＋中西正司編●2200円●社会改革のためのデザイン！ ビジョン!! アクション!!!―――「こうあってほしい」という構想力をもったとき、人はニーズを知り、当事者になる。「当事者ニーズ」をキーワードに、研究者とアクティビストたちが「ニーズ中心の福祉社会」への具体的シナリオを提示する。

**コーダの世界：手話の文化と声の文化**●澁谷智子● 2000円●生まれながらのバイリンガル?———コーダとは聞こえない親をもつ聞こえる子どもたち。「ろう文化」と「聴文化」のハイブリッドである彼らの日常は驚きに満ちている。親が振り向いてから泣く赤ちゃん? じっと見つめすぎて誤解される若い女性? 手話が「言語」であり「文化」であると心から納得できる刮目のコミュニケーション論。

**技法以前：べてるの家のつくりかた**●向谷地生良● 2000円●私は何をしてこなかったか———「幻覚&妄想大会」をはじめとする掟破りのイベントはどんな思考回路から生まれたのか? べてるの家のような〝場〟をつくるには、専門家はどう振る舞えばよいのか? 「当事者の時代」に専門家にできることを明らかにした、かつてない実践的「非」援助論。べてるの家スタッフ用「虎の巻」、大公開!

**逝かない身体：ALS的日常を生きる**●川口有美子● 2000円●即物的に、植物的に——言葉と動きを封じられたALS患者の意思は、身体から探るしかない。ロックトイン・シンドロームを経て亡くなった著者の母を支えたのは、「同情より人工呼吸器」「傾聴より身体の微調整」という究極の身体ケアだった。重力に抗して生き続けた母の「植物的な生」を身体ごと肯定した圧倒的記録。

**第41回大宅壮一ノンフィクション賞受賞作**

**リハビリの夜**●熊谷晋一郎● 2000円●痛いのは困る——現役の小児科医にして脳性まひ当事者である著者は、《他者》や《モノ》との身体接触をたよりに、「官能的」にみずからの運動をつくりあげてきた。少年期のリハビリキャンプにおける過酷で耽美な体験、初めて電動車いすに乗ったときの時間と空間が立ち上がるめくるめく感覚などを、全身全霊で語り尽くした驚愕の書。

**第9回新潮ドキュメント賞受賞作**

**その後の不自由**●上岡陽江+大嶋栄子● 2000円●〝ちょっと寂しい〟がちょうどいい——トラウマティックな事件があった後も、専門家がやって来て去っていった後も、当事者たちの生は続く。しかし彼らはなぜ「日常」そのものにつまずいてしまうのか。なぜ援助者を振り回してしまうのか。そんな「不思議な人たち」の生態を、薬物依存の当事者が身を削って書き記した当事者研究の最前線!

第2回日本医学
ジャーナリスト協会賞
受賞作

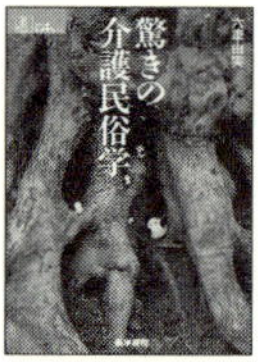


**驚きの介護民俗学**●六車由実●2000円●語りの森へ——気鋭の民俗学者は、あるとき大学をやめ、老人ホームで働きはじめる。そこで流しのバイオリン弾き、蚕の鑑別嬢、郵便局の電話交換手ら、「忘れられた日本人」たちの語りに身を委ねていると、やがて新しい世界が開けてきた……。「事実を聞く」という行為がなぜ人を力づけるのか。聞き書きの圧倒的な可能性を活写し、高齢者ケアを革新する。

**ソローニュの森**●田村尚子●2600円●ケアの感触、曖昧な日常——思想家ガタリが終生関ったことで知られるラ・ボルド精神病院。一人の日本人女性の震える眼が掬い取ったのは、「フランスのべてるの家」ともいうべき、患者とスタッフの間を流れる緩やかな時間だった。ルポやドキュメンタリーとは一線を画した、ページをめくるたびに深呼吸ができる写真とエッセイ。B5変型版。

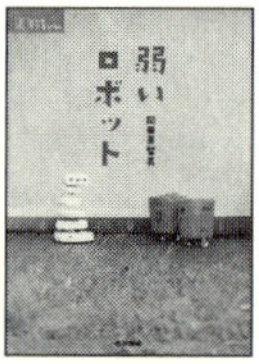


**弱いロボット**●岡田美智男●2000円●とりあえずの一歩を支えるために——挨拶をしたり、おしゃべりをしたり、散歩をしたり。そんな「なにげない行為」ができるロボットは作れるか？　この難題に著者は、ちょっと無責任で他力本願なロボットを提案する。日常生活動作を規定している「賭けと受け」の関係を明るみに出し、ケアをすることの意味を深いところで肯定してくれる異色作！

**当事者研究の研究**●石原孝二編●2000円●で、当事者研究って何だ?——専門職・研究者の間でも一般名称として使われるようになってきた当事者研究。それは、客観性を装った「科学研究」とも違うし、切々たる「自分語り」とも違うし、勇ましい「運動」とも違う。本書は哲学や教育学、あるいは科学論と交差させながら、"自分の問題を他人事のように扱う"当事者研究の圧倒的な感染力の秘密を探る。

**摘便とお花見：看護の語りの現象学**●村上靖彦●2000円●とるにたらない日常を、看護師はなぜ目に焼き付けようとするのか——看護という「人間の可能性の限界」を拡張する営みに吸い寄せられた気鋭の現象学者は、共感あふれるインタビューと冷徹な分析によって、その不思議な時間構造をあぶり出した。巻末には圧倒的なインタビュー論を付す。看護行為の言語化に資する驚愕の一冊。

**坂口恭平躁鬱日記**●坂口恭平●1800円●僕は治ることを諦めて、「坂口恭平」を操縦することにした。家族とともに。――マスコミを席巻するきらびやかな才能の奔出は、「躁」のなせる業でもある。「鬱」期には強固な自殺願望に苛まれ外出もおぼつかない。この病に悩まされてきた著者は、あるとき「治療から操縦へ」という方針に転換した。その成果やいかに！ 涙と笑いと感動の当事者研究。

**カウンセラーは何を見ているか**●信田さよ子●2000円●傾聴? ふっ。――「聞く力」はもちろん大切。しかしプロなら、あたかも素人のように好奇心を全開にして、相手を見る。そうでなければ〈強制〉と〈自己選択〉を両立させることはできない。若き日の精神科病院体験を経て、開業カウンセラーの第一人者になった著者が、「見て、聞いて、引き受けて、踏み込む」ノウハウを一挙公開！

**クレイジー・イン・ジャパン：べてるの家のエスノグラフィ**●中村かれん●2200円●日本の端の、世界の真ん中。――インドネシアで生まれ、オーストラリアで育ち、イェール大学で教える医療人類学者が、べてるの家に辿り着いた。7か月以上にも及ぶ住み込み。10年近くにわたって断続的に行われたフィールドワーク。べてるの「感動」と「変貌」を、かつてない文脈で発見した傑作エスノグラフィ。付録DVD「Bethel」は必見の名作！

**漢方水先案内：医学の東へ**●津田篤太郎●2000円●漢方ならなんとかなるんじゃないか?―― 原因がはっきりせず成果もあがらない「ベタなぎ漂流」に追い込まれたらどうするか。病気に対抗する生体のパターンは決まっているならば、「生体をアシスト」という方法があるじゃないか！ 万策尽きた最先端の臨床医がたどり着いたのは、キュアとケアの合流地点だった。それが漢方。

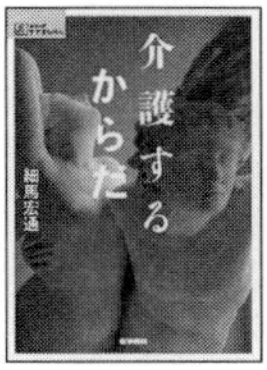


**介護するからだ**●細馬宏通●2000円●あの人はなぜ「できる」のか?―― 目利きで知られる人間行動学者が、ベテランワーカーの神対応をビデオで分析してみると……、そこには言語以前に〝かしこい身体〟があった！ ケアの現場が、ありえないほど複雑な相互作用の場であることが分かる「驚き」と「発見」の書。マニュアルがなぜ現場で役に立たないのか、そしてどうすればうまく行くのかがよーく分かります。

第 16 回小林秀雄賞
受賞作
紀伊國屋じんぶん大賞
2018 受賞作

**中動態の世界：意志と責任の考古学**●國分功一郎●2000円●「する」と「される」の外側へ――強制はないが自発的でもなく、自発的ではないが同意している。こうした事態はなぜ言葉にしにくいのか？ なぜそれが「曖昧」にしか感じられないのか？ 語る言葉がないからか？ それ以前に、私たちの思考を条件付けている「文法」の問題なのか？ ケア論にかつてないパースペクティヴを切り開く画期的論考！

**どもる体**●伊藤亜紗●2000円●しゃべれるほうが、変。――話そうとすると最初の言葉を繰り返してしまう（＝連発という名のバグ）。それを避けようとすると言葉自体が出なくなる（＝難発という名のフリーズ）。吃音とは、言葉が肉体に拒否されている状態だ。しかし、なぜ歌っているときにはどもらないのか？ 徹底した観察とインタビューで吃音という「謎」に迫った、誰も見たことのない身体論！

**異なり記念日**●齋藤陽道●2000円●手と目で「看る」とはどういうことか――「聞こえる家族」に生まれたろう者の僕と、「ろう家族」に生まれたろう者の妻。ふたりの間に、聞こえる子どもがやってきた。身体と文化を異にする3人は、言葉の前にまなざしを交わし、慰めの前に手触りを送る。見る、聞く、話す、触れることの〈歓び〉とともに。ケアが発生する現場からの感動的な実況報告。

**在宅無限大：訪問看護師がみた生と死**●村上靖彦●2000円●「普通に死ぬ」を再発明する――病院によって大きく変えられた「死」は、いま再びその姿を変えている。先端医療が組み込まれた「家」という未曾有の環境のなかで、訪問看護師たちが地道に「再発明」したものなのだ。著者は並外れた知的肺活量で、訪問看護師の語りを生け捕りにし、看護が本来持っているポテンシャルを言語化する。

第 19 回大佛次郎論壇賞
受賞作
紀伊國屋じんぶん大賞
2020 受賞作

**居るのはつらいよ：ケアとセラピーについての覚書**●東畑開人●2000円●「ただ居るだけ」vs.「それでいいのか」――京大出の心理学ハカセは悪戦苦闘の職探しの末、沖縄の精神科デイケア施設に職を得た。しかし勇躍飛び込んだそこは、あらゆる価値が反転する「ふしぎの国」だった。ケアとセラピーの価値について究極まで考え抜かれた、涙あり笑いあり出血（！）ありの大感動スペクタル学術書！

**誤作動する脳**●樋口直美● 2000 円●「時間という一本のロープにたくさんの写真がぶら下がっている。それをたぐり寄せて思い出をつかもうとしても、私にはそのロープがない」——ケアの拠り所となるのは、体験した世界を正確に表現したこうした言葉ではないだろうか。「レビー小体型認知症」と診断された女性が、幻視、幻臭、幻聴など五感の変調を抱えながら達成した圧倒的な当事者研究!

**「脳コワさん」支援ガイド**●鈴木大介●2000 円●脳がコワれたら、「困りごと」はみな同じ。——会話がうまくできない、雑踏が歩けない、突然キレる、すぐに疲れる……。病名や受傷経緯は違っていても結局みんな「脳の情報処理」で苦しんでいる。だから脳を「楽」にすることが日常を取り戻す第一歩だ。疾患を超えた「困りごと」に着目する当事者学が花開く、読んで納得の超実践的ガイド!

**第 9 回日本医学ジャーナリスト協会賞受賞作**

**食べることと出すこと**●頭木弘樹● 2000 円●食べて出せれば OK だ!(けど、それが難しい……。)——潰瘍性大腸炎という難病に襲われた著者は、食事と排泄という「当たり前」が当たり前でなくなった。IVH でも癒やせない顎や舌の飢餓感とは? 便の海に茫然と立っているときに、看護師から雑巾を手渡されたときの気分は? 切実さの狭間に漂う不思議なユーモアが、何が「ケア」なのかを教えてくれる。

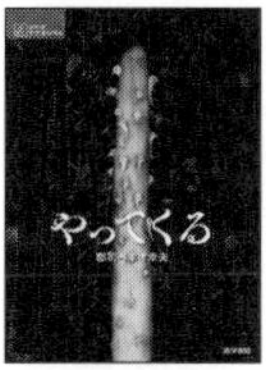


**やってくる**●郡司ペギオ幸夫● 2000 円●「日常」というアメイジング!——私たちの「現実」は、外部からやってくるものによってギリギリ実現されている。だから日々の生活は、何かを為すためのスタート地点ではない。それこそが奇跡的な達成であり、体を張って実現すべきものなんだ! ケアという「小さき行為」の奥底に眠る過激な思想を、素手で取り出してみせる圧倒的な知性。

**みんな水の中**●横道 誠● 2000 円●脳の多様性とはこのことか!——ASD(自閉スペクトラム症)と ADHD(注意欠如・多動症)と診断された大学教員は、彼を取り囲む世界の不思議を語りはじめた。何もかもがゆらめき、ぼんやりとしか聞こえない水の中で、〈地獄行きのタイムマシン〉に乗せられる。そんな彼を救ってくれたのは文学と芸術、そして仲間だった。赤裸々、かつちょっと乗り切れないユーモアの日々。